しゃくがんのシャナ
0
おぼれるほ
メロンパン
(焼きたて危険)
GRIMOIRE
Illustration:椎名 優

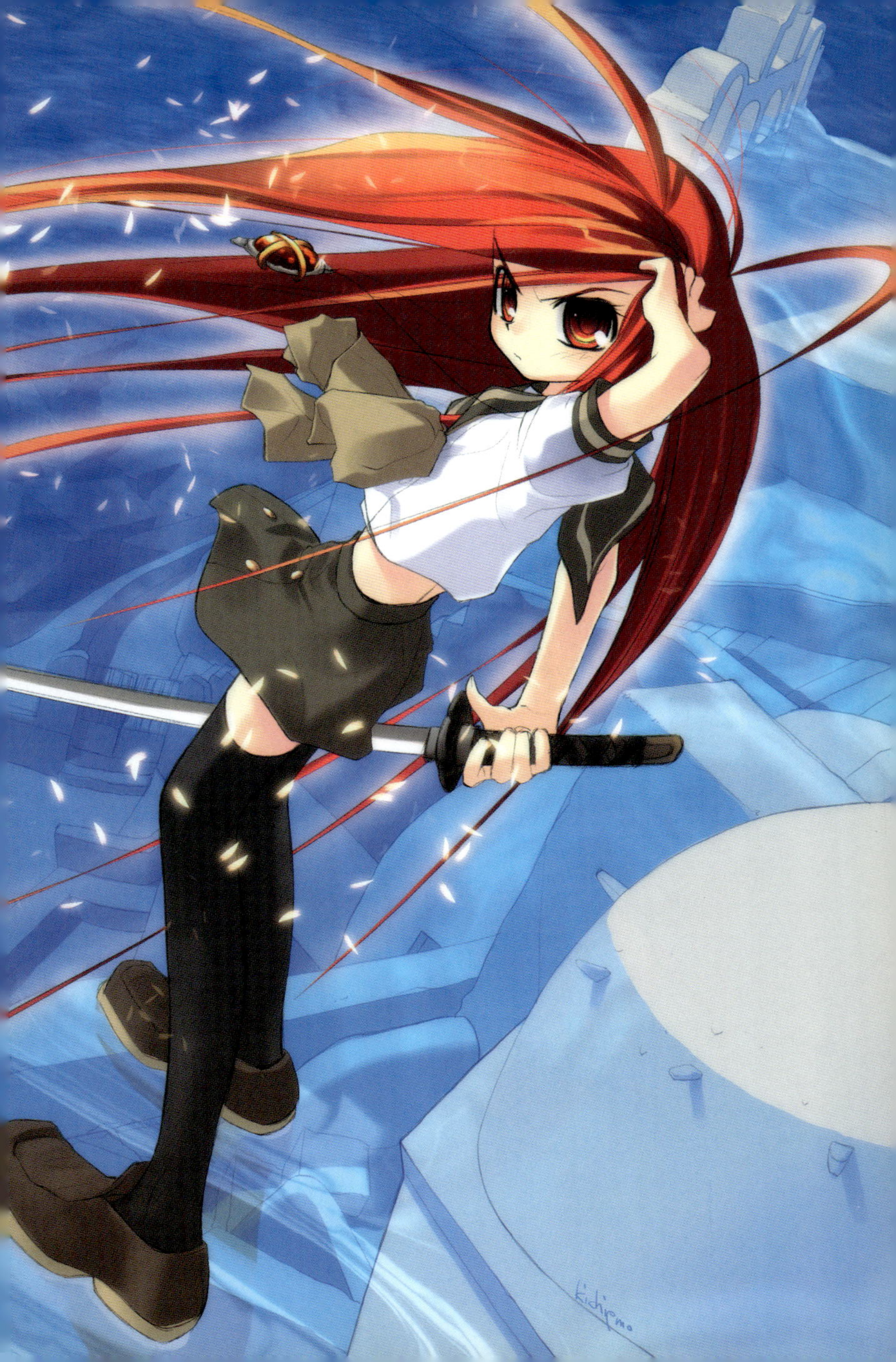

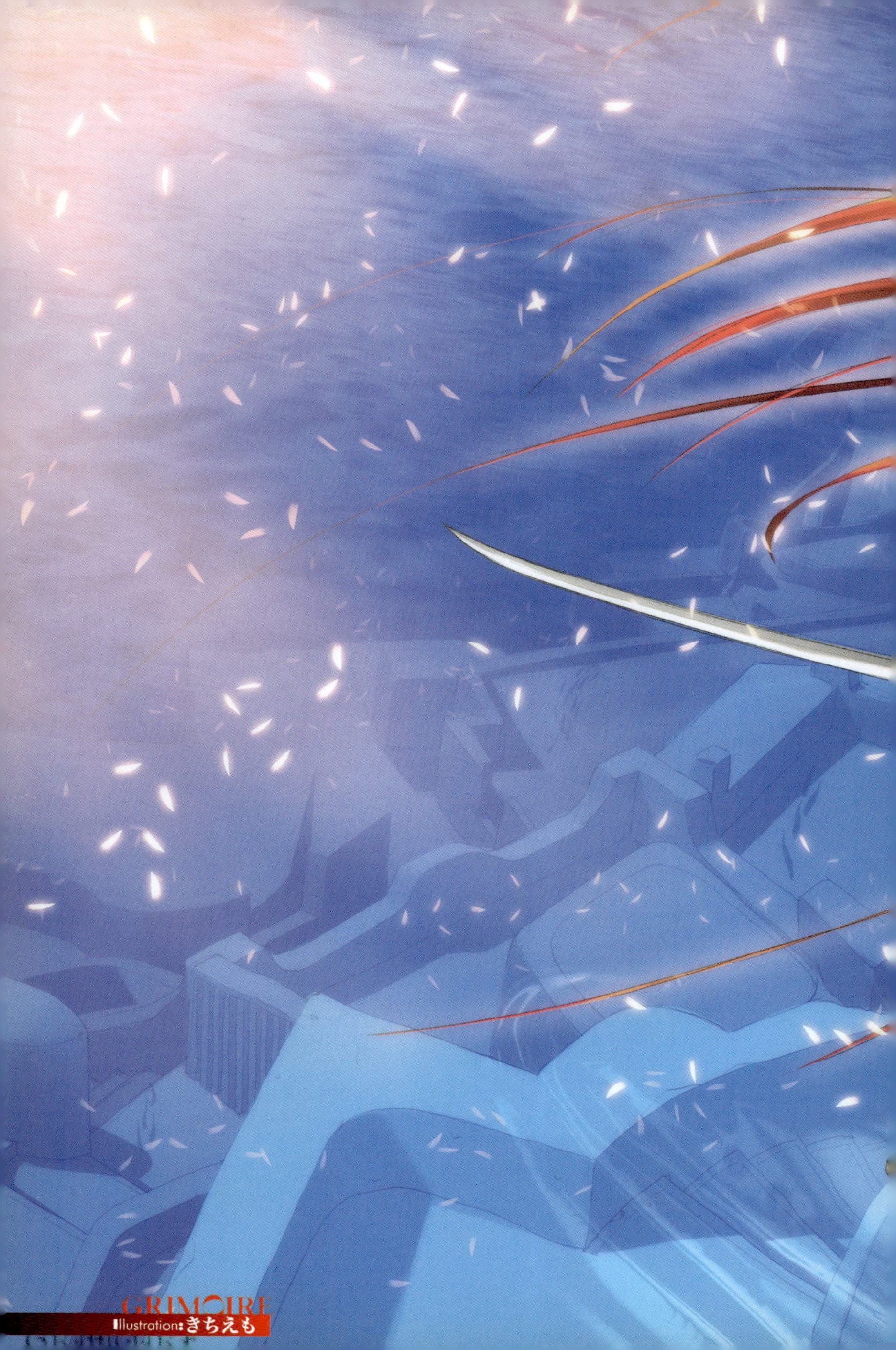
GRIMOIRE
Illustration:きちえも

Illustration：袁藤沖人

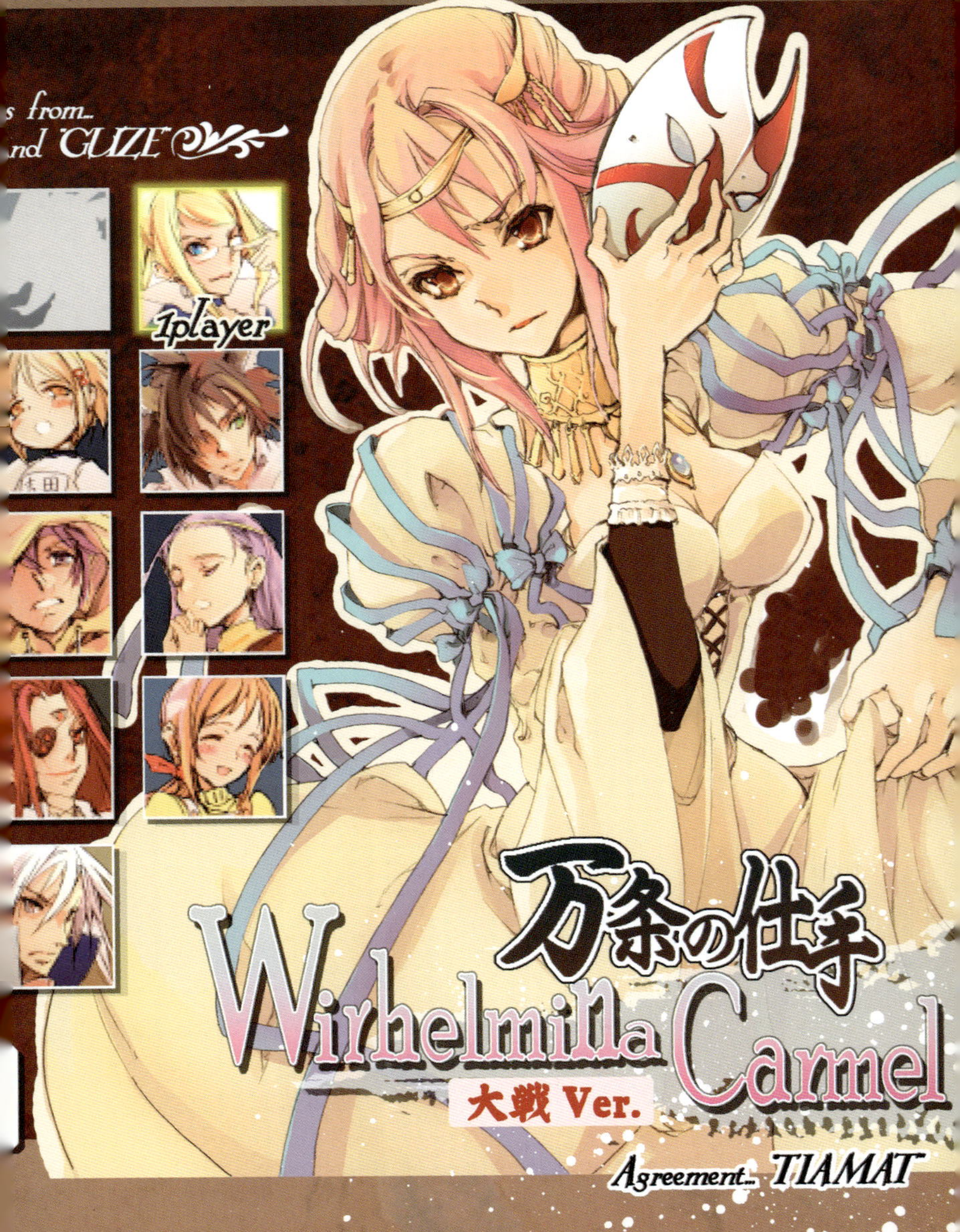

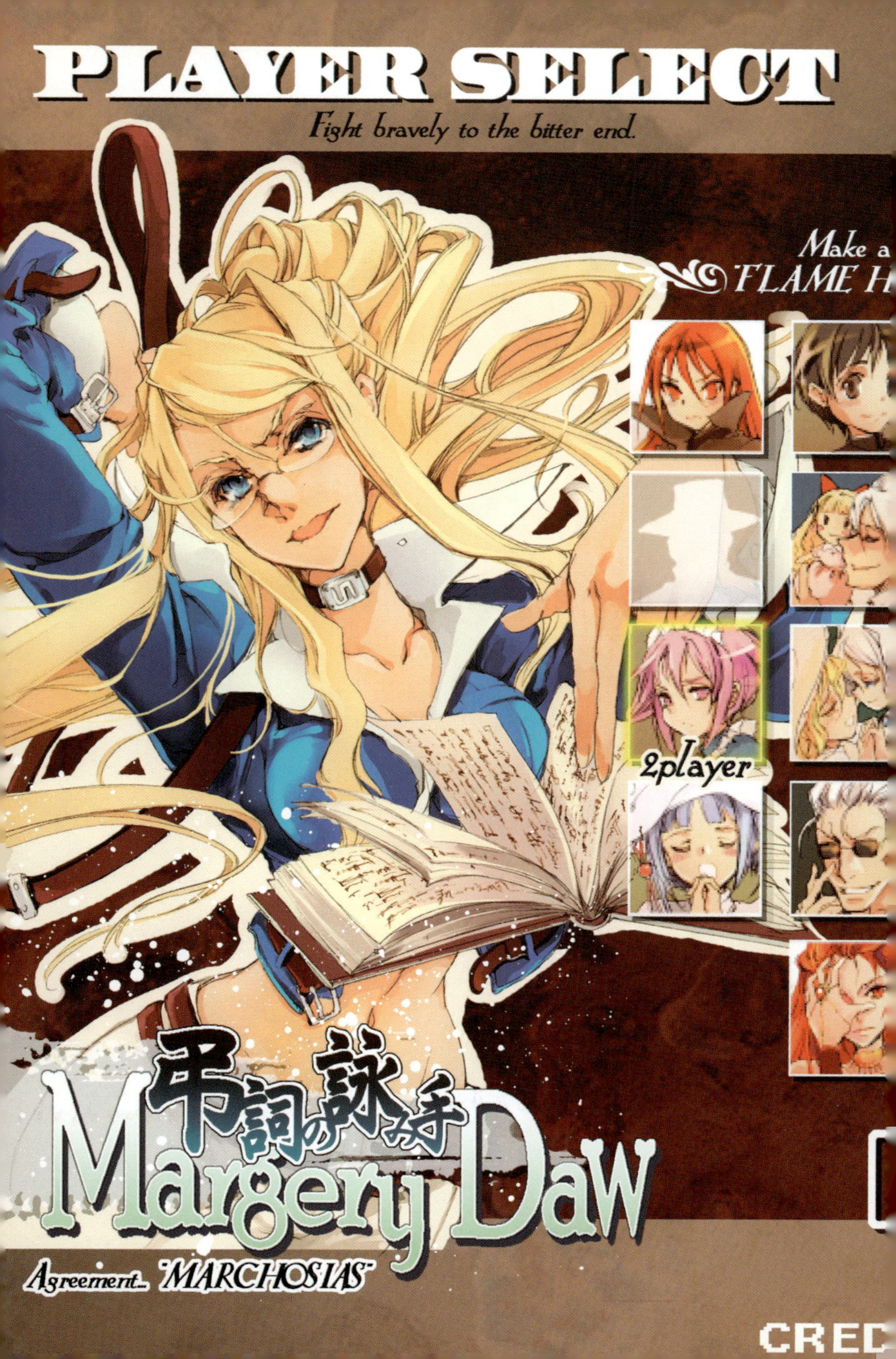
PLAYER SELECT
Fight bravely to the bitter end.
Make a
FLAME H
2player
弔詞の詠み手
Margery Daw
Agreement... "MARCHOSIAS"
CREC

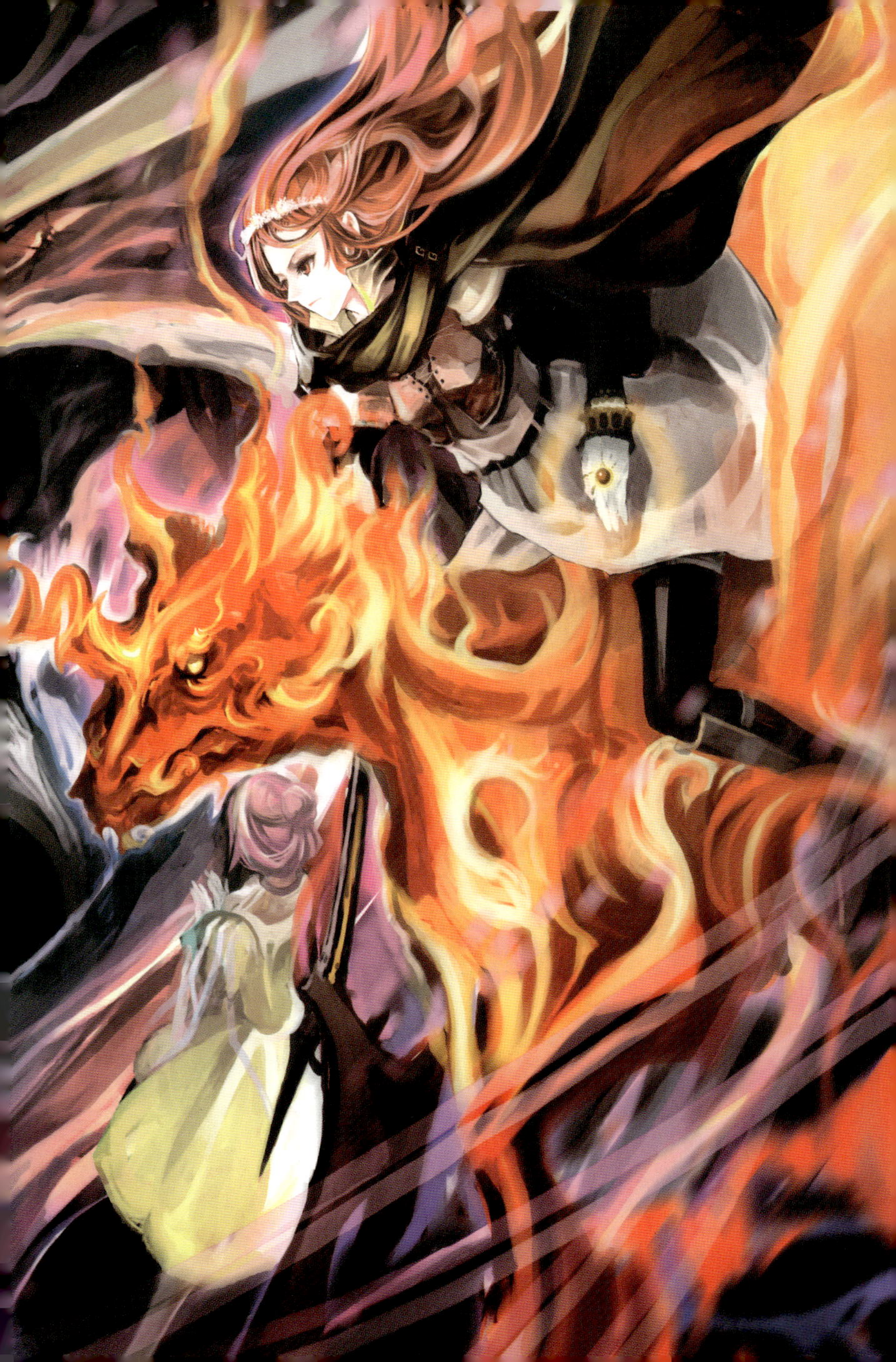

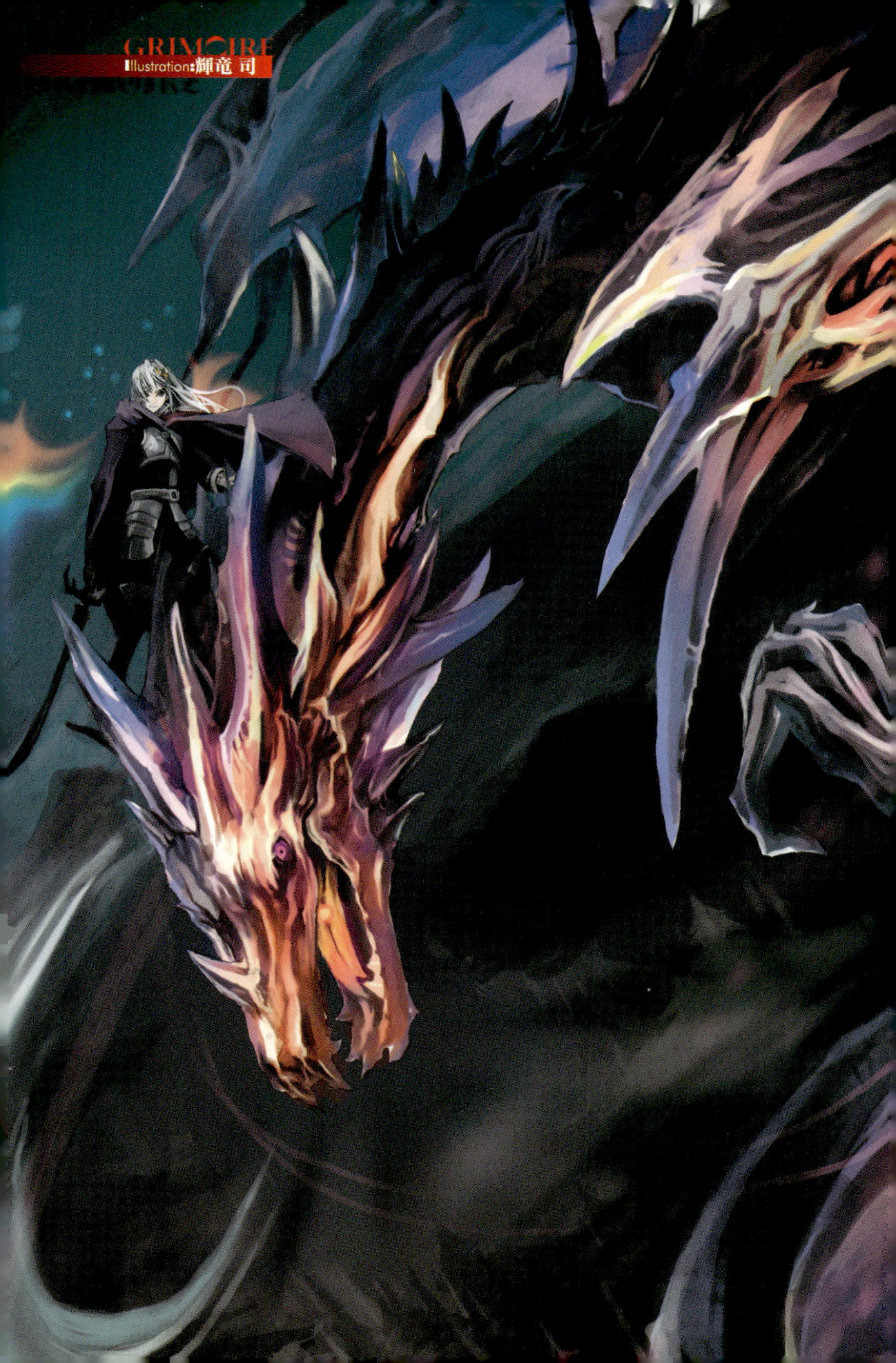
GRIMOIRE
Illustration:輝竜 司

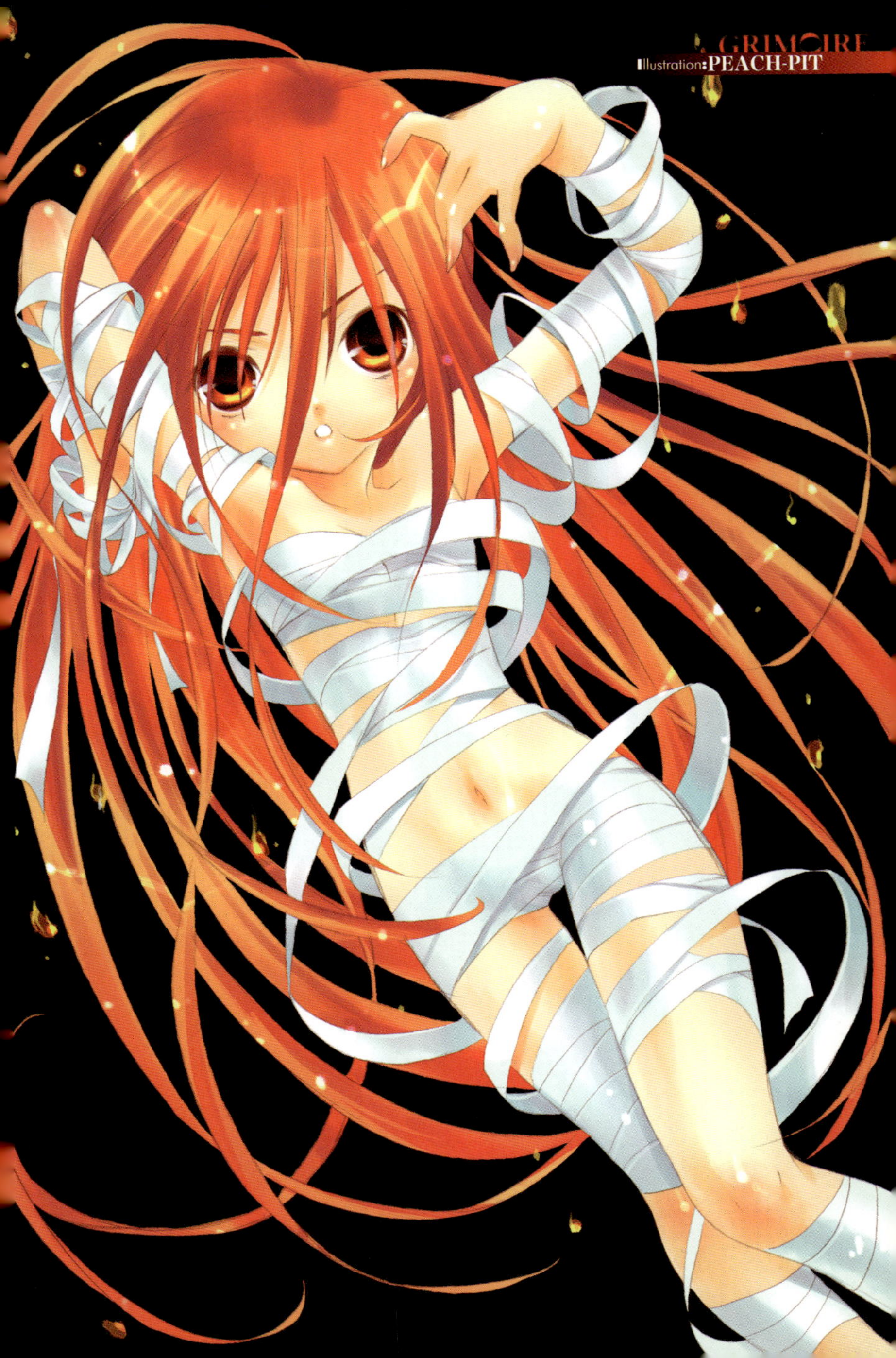
GRIMOIRE
Illustration:PEACH-PIT

『灼眼のシャナ』を初めて読む人のための、第一話ダイジェスト版!!

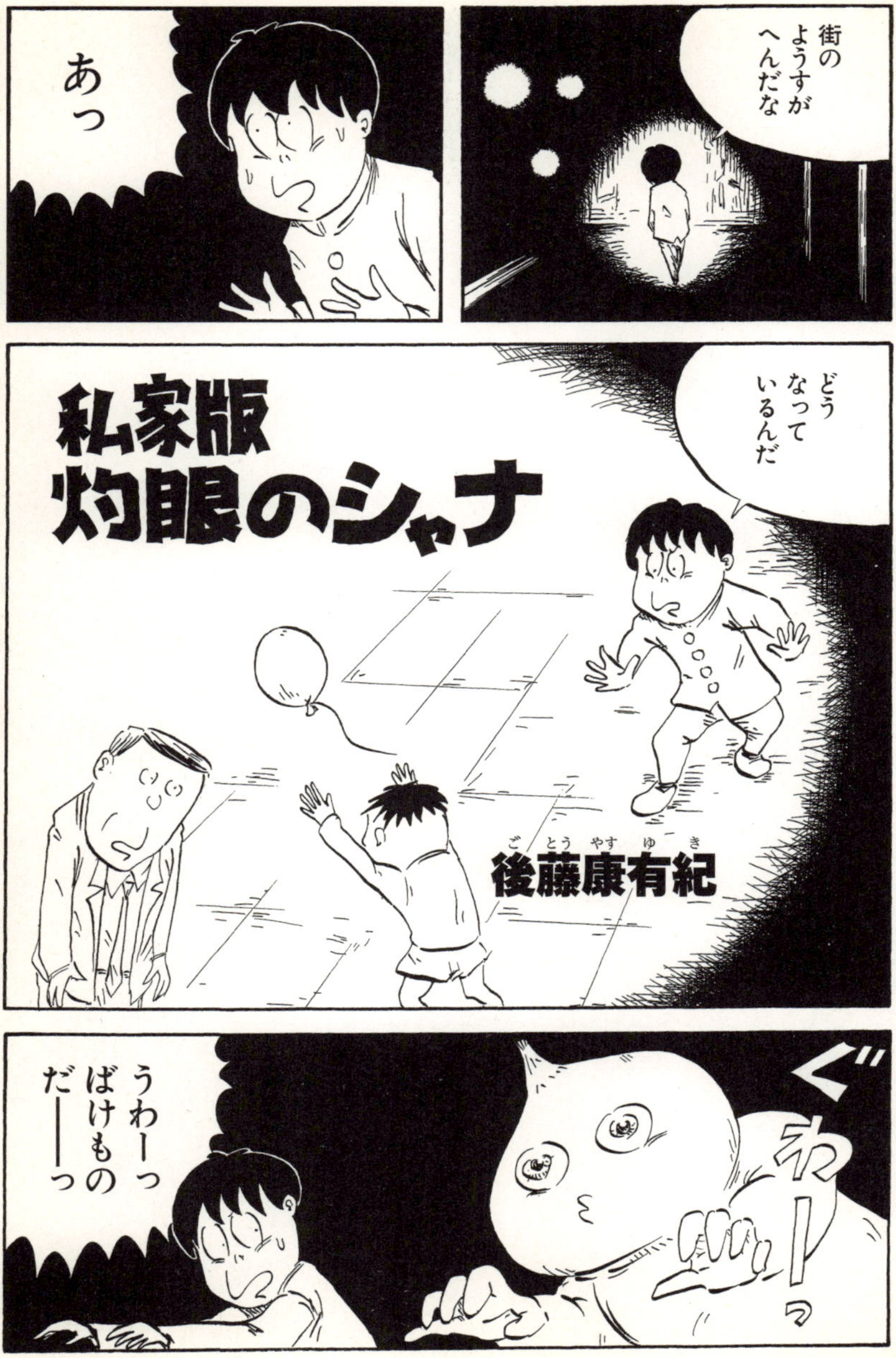

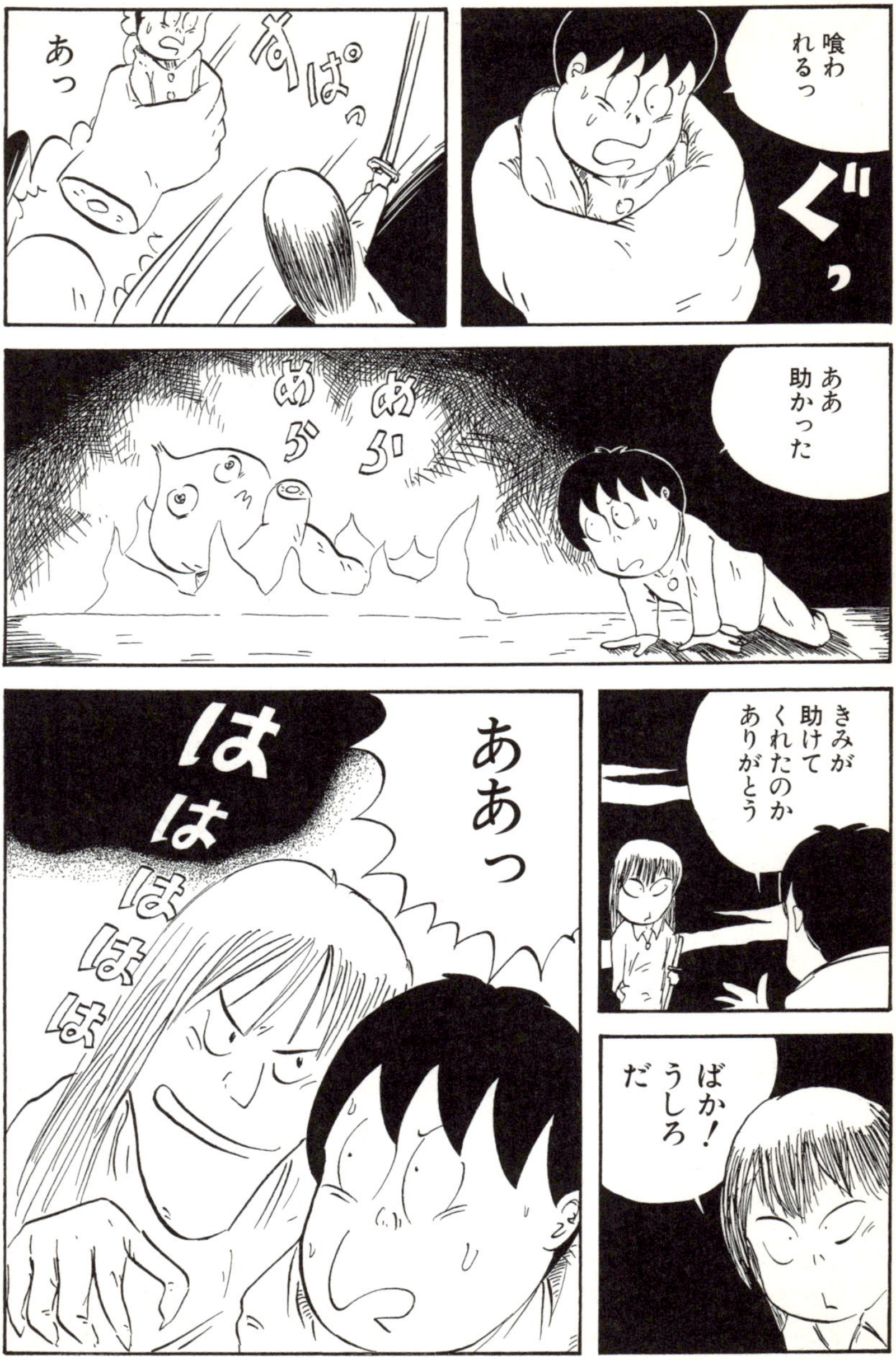
喰われるっ
ぐっ
すぱっ
あっ
ああ助かった
めふめふ
きみが助けてくれたのかありがとう
ああっ
ははははは
ばか！うしろだ

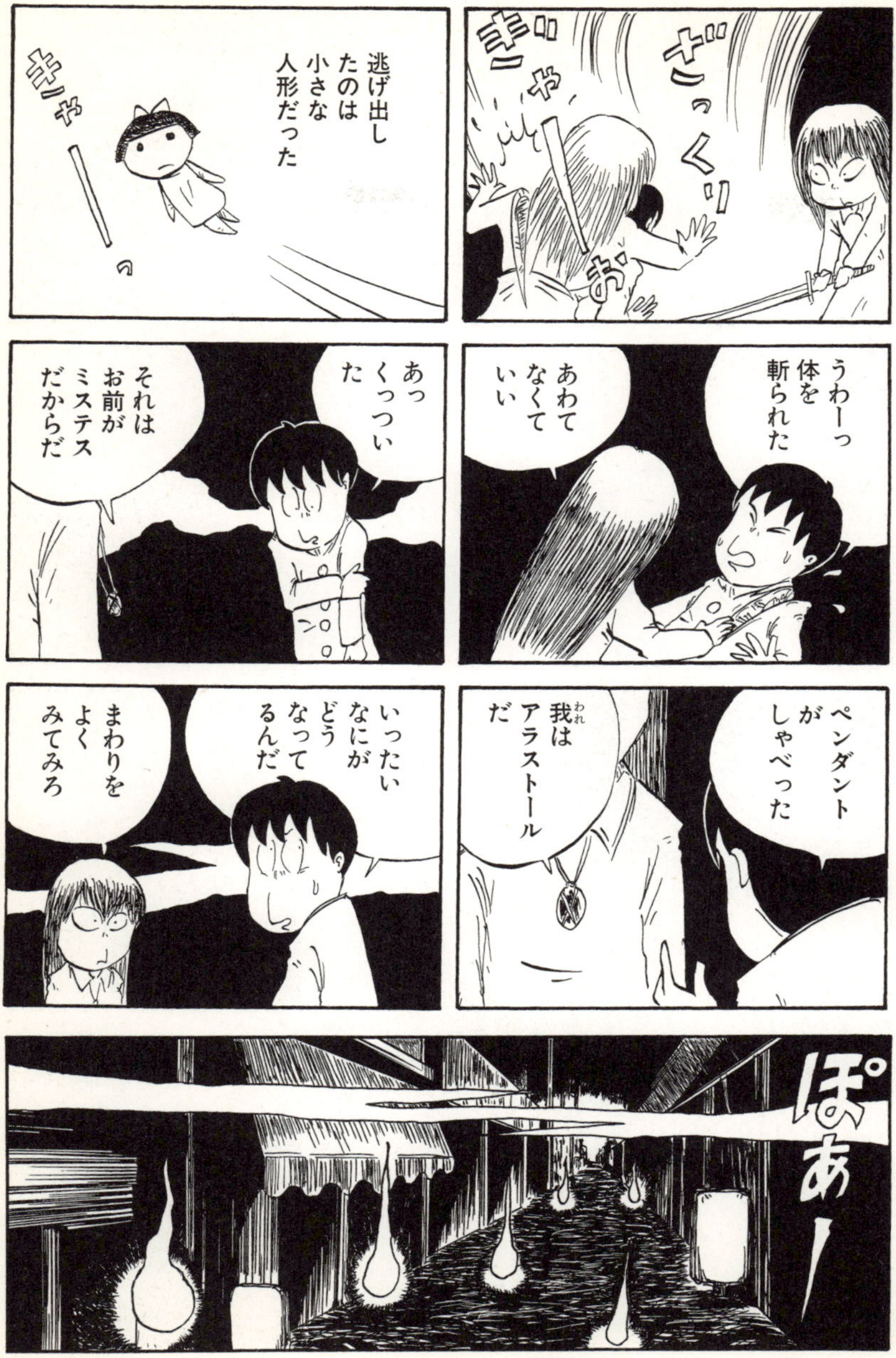
ざっくり
ぎゃー
逃げ出したのは小さな人形だった
きゃーっ
うわーっ体を斬られた
あわてなくていい
あっくっついた
それはお前がミステスだからだ
ペンダントがしゃべった
我はアラストールだ
いったいなにがどうなってるんだ
まわりをよくみてみろ
ぽあー

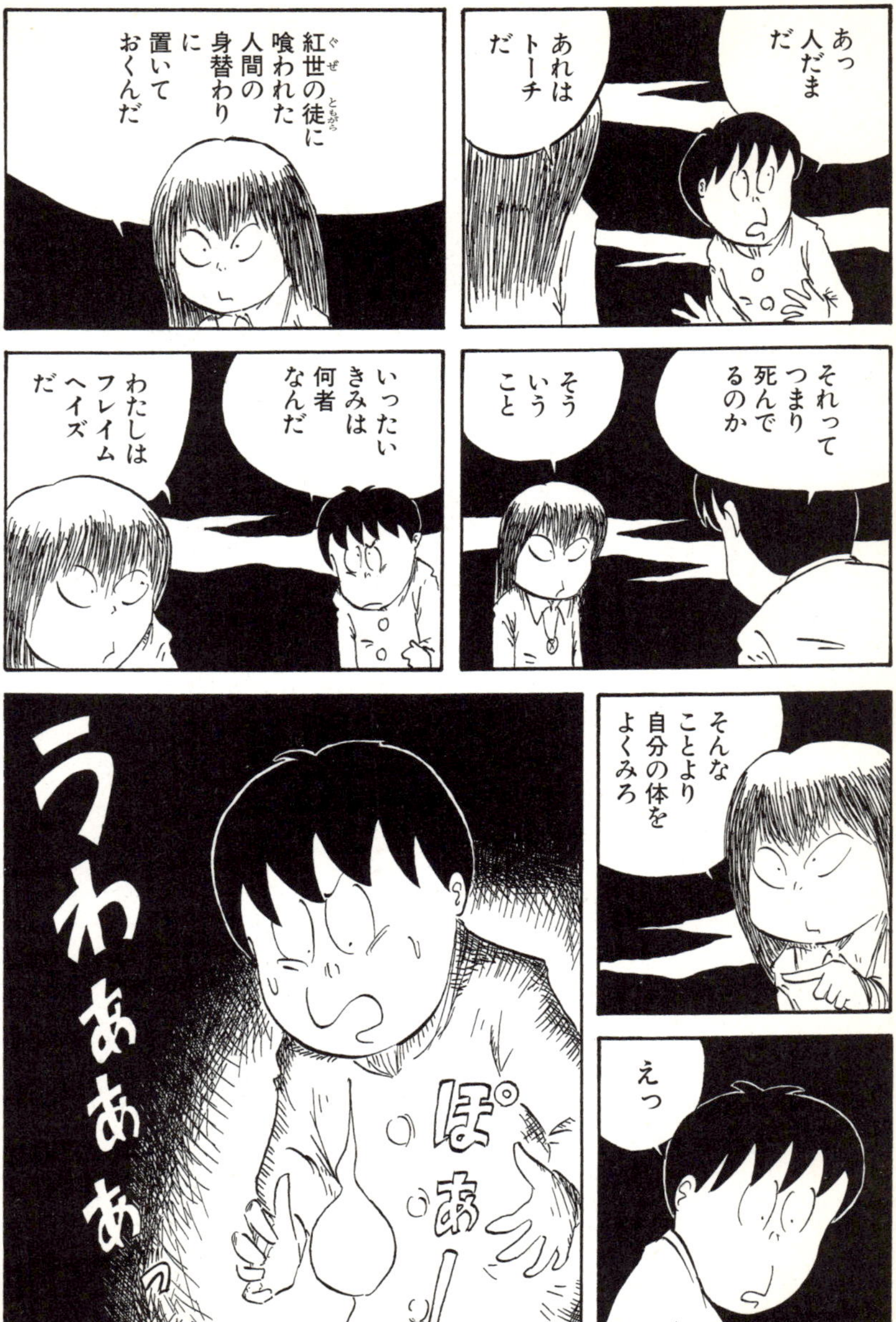

自分が死んでいる事を知った悠二の運命は!? 続きは小説orアニメorコミック本体で!

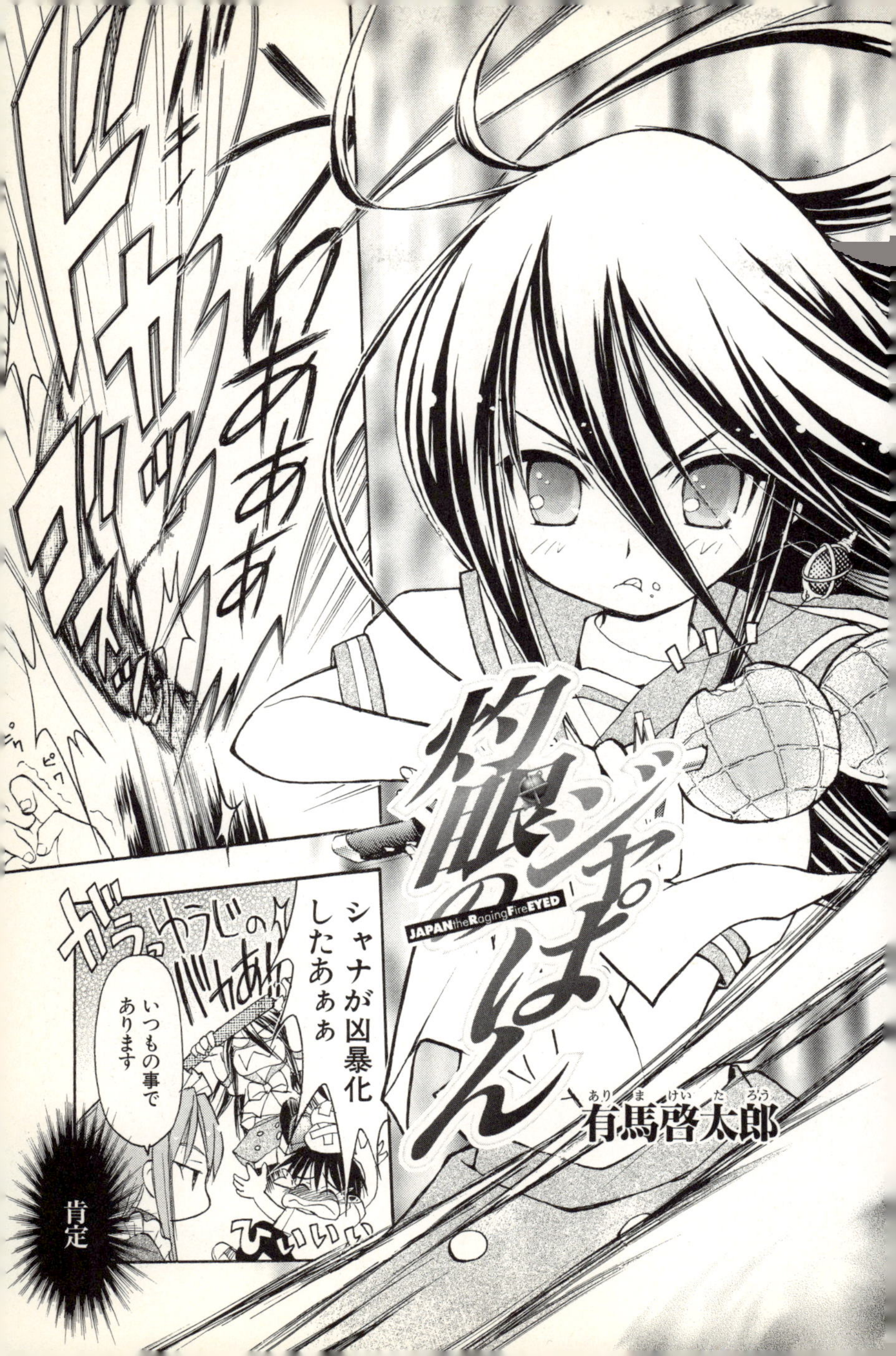

けあああぁ
ギキ
ドガラゴシャッ
ピクピク
灼眼のしゃぽぉん
JAPAN the Raging Fire EYED
ありまけいたろう
有馬啓太郎
シャナが凶暴化したあぁぁ
いつもの事であります
がうっゅうじのバカあぁ
ひぃぃぃ
肯定

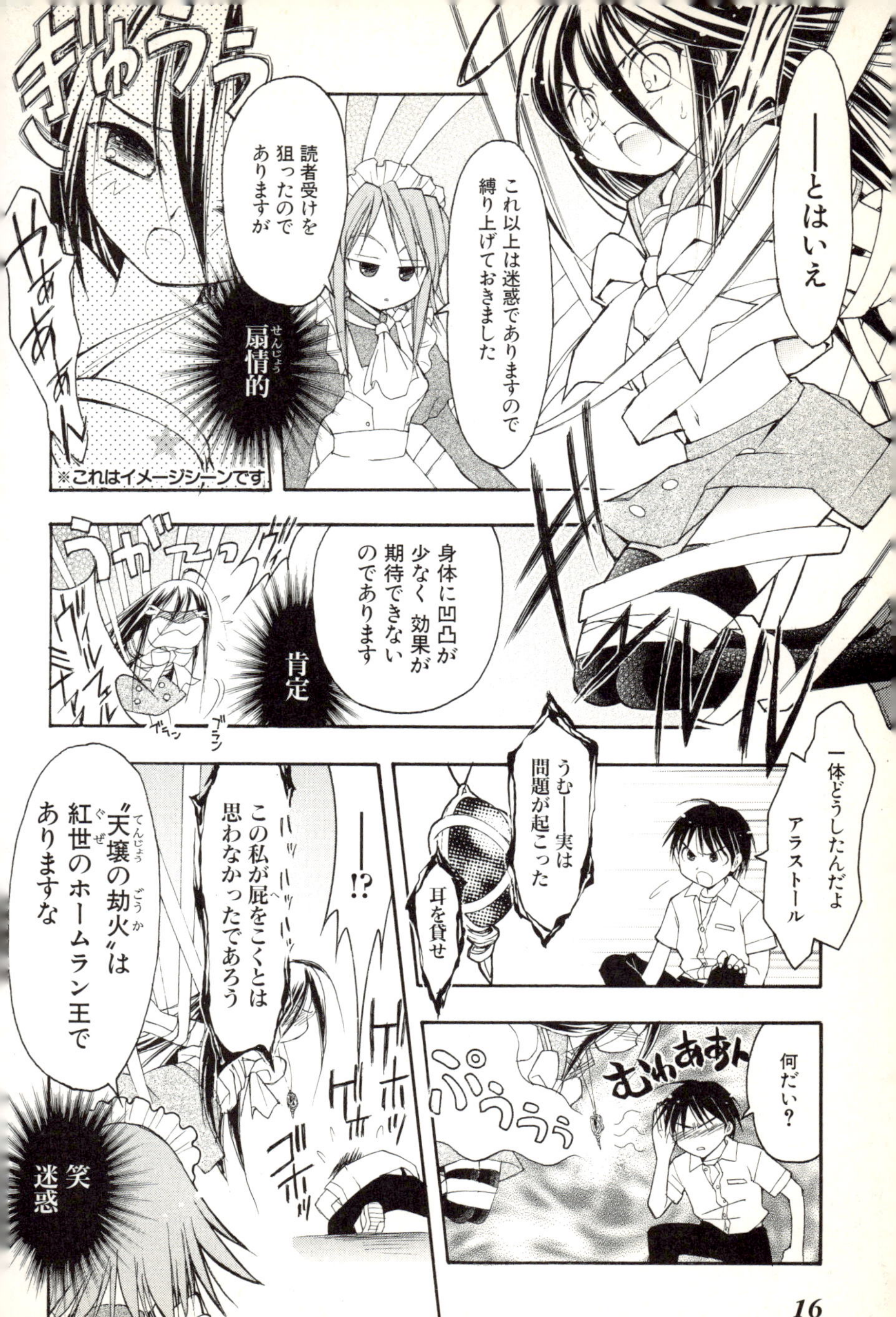
——とはいえ
これ以上は迷惑でありますので縛り上げておきました
読者受けを狙ったのでありますが
扇情的
ぎゅうう
やぁぁあん
※これはイメージシーンです
身体に凹凸が少なく 効果が期待できないのであります
肯定
うがァーッ
ブラン
一体どうしたんだよ アラストール
うむ——実は問題が起こった
耳を貸せ
何だい？
むわぁあん
ぷぅううう
——!?
この私が屁をこくとは思わなかったであろう
ハッハッハッ
ゲホッ
ゴホッ
〝天壌の劫火〟は紅世のホームラン王でありますな
笑
迷惑

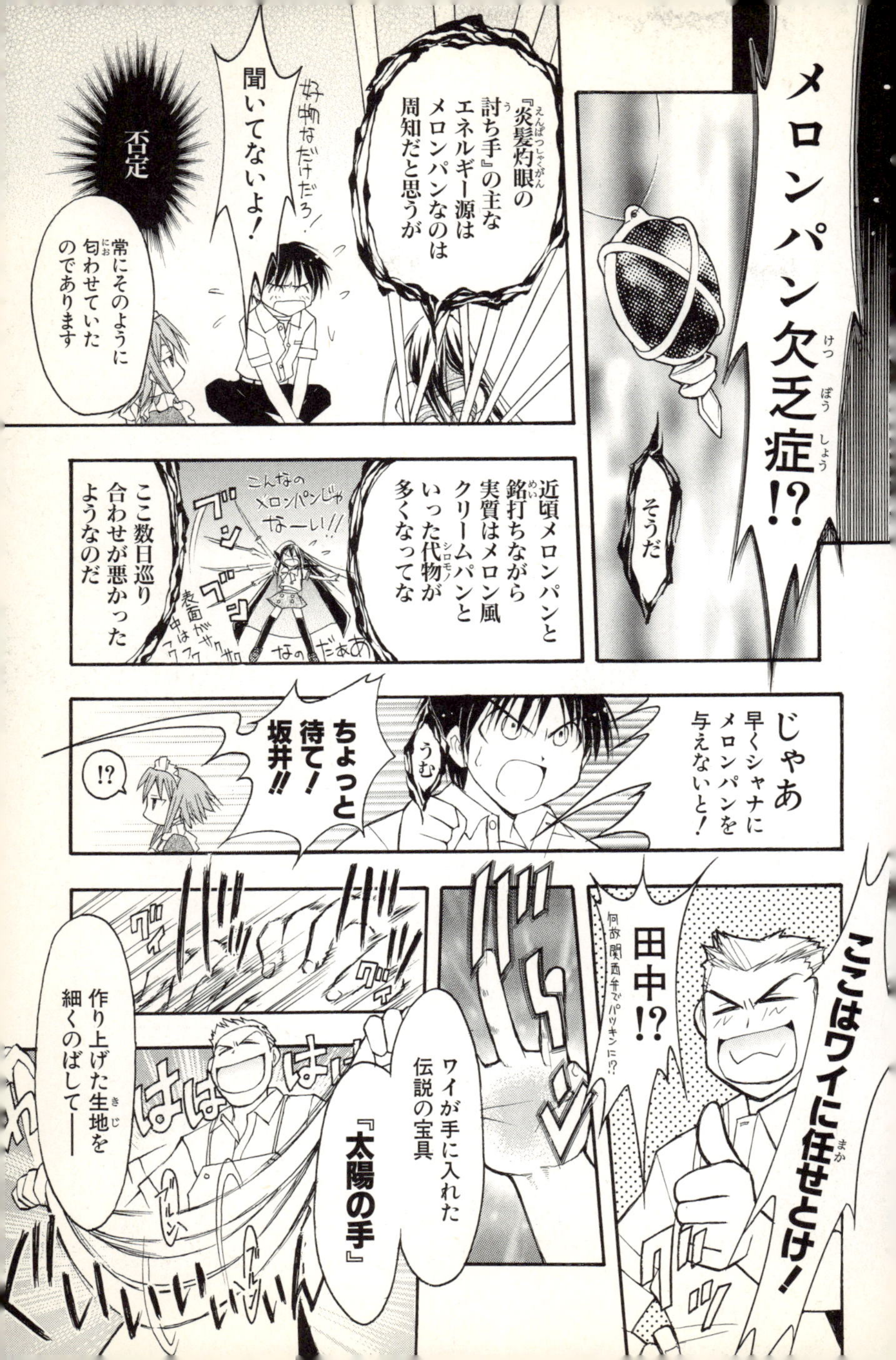

メロンパン欠乏症!?
そうだ
『炎髪灼眼の討ち手』の主なエネルギー源はメロンパンなのは周知だと思うが
好物なだけだろ!
聞いてないよ!
否定
常にそのように匂わせていたのであります
近頃メロンパンと銘打ちながら実質はメロン風クリームパンといった代物が多くなってな
こんなのメロンパンじゃなーい!!
ブン
ゴン
表面がサクサク中はフワフワなのだああ
ここ数日巡り合わせが悪かったようなのだ
じゃあ早くシャナにメロンパンを与えないと!
うむ
ちょっと待て!坂井!!
!?
ここはワイに任せとけ!
田中!?
何故関西弁でパツキンに!?
ワイが手に入れた伝説の宝具『太陽の手』
作り上げた生地を細くのばして—
ははは
グィ
ブルン
ぐいいいいいいいん

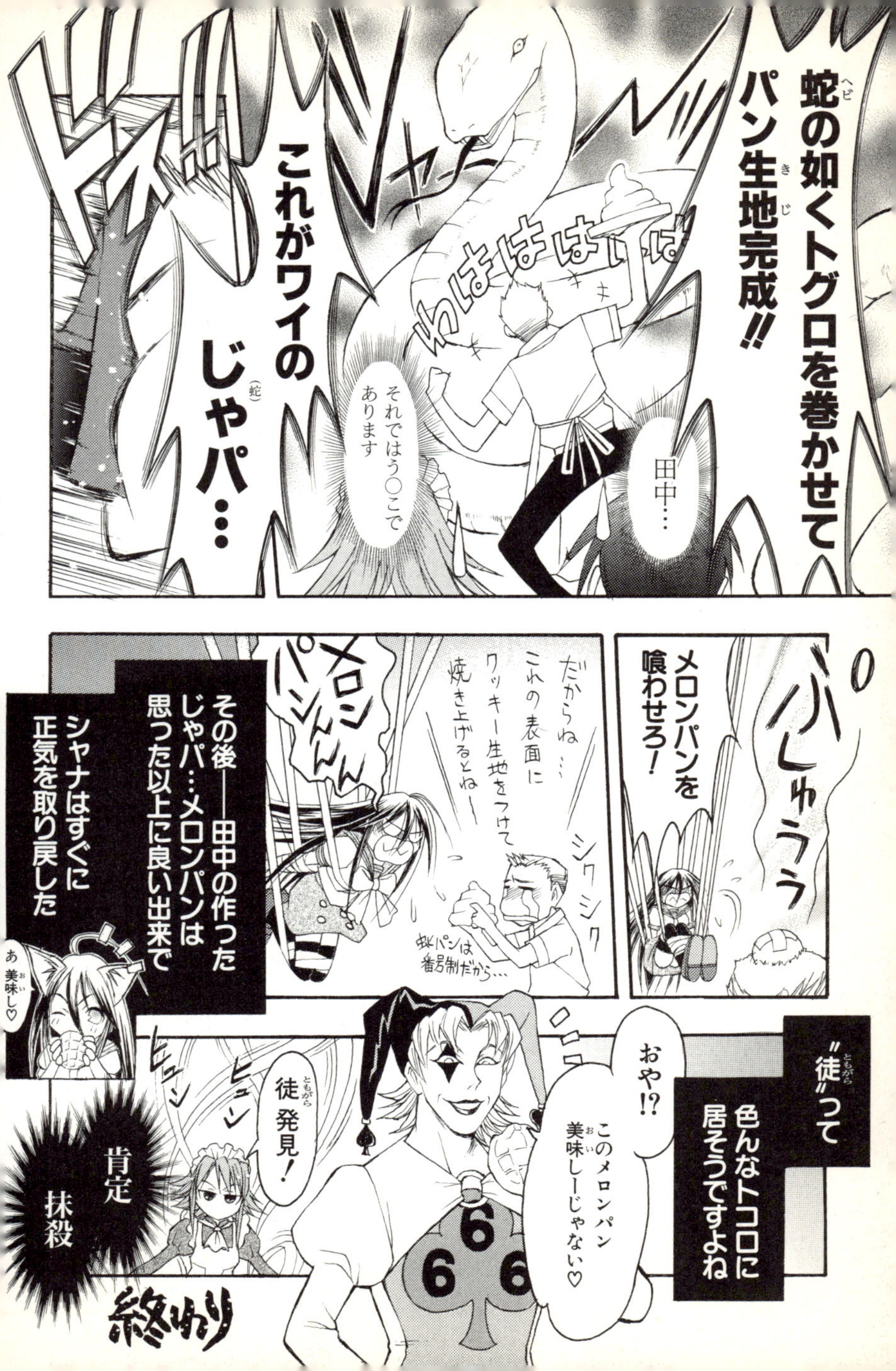

蛇の如くトグロを巻かせてパン生地完成!!
これがワイのじゃパ…
ドォ!!
シャー
わはははは!は
田中…
それではう○こであります
パしゅううう
メロンパンを喰わせろ!
メロンパンんん
だからね…これの表面にクッキー生地をつけて焼き上げるとね～
シクシク
蛇パンは番号制だから…
その後——田中の作ったじゃパ…メロンパンは思った以上に良い出来で
シャナはすぐに正気を取り戻した
あ 美味し♡
"徒"って色んなトコロに居そうですよね
おや!?
このメロンパン美味しーじゃない♡
徒発見!
ヒュン
ヒュン
肯定
抹殺
終わり

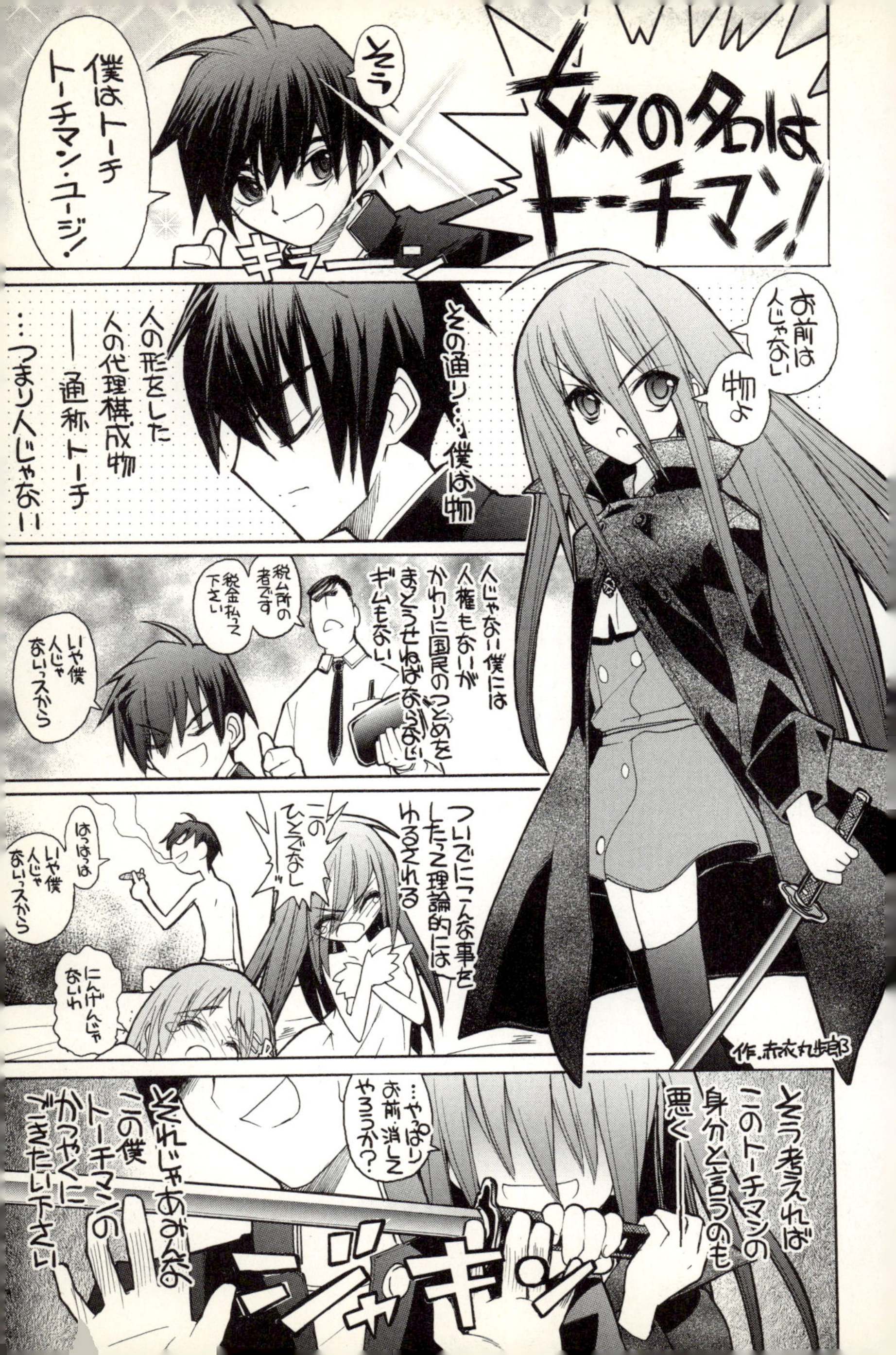
奴の名はトーチマン!
そう
僕はトーチ トーチマン・ユージ!
キラー
お前は人じゃない
物よ
その通り…僕は物
人の形をした人の代理構成物
——通称トーチ
…つまり人じゃない
人じゃない僕には人権もないが かわりに国民のつとめをまっとうせねばならないギムもない
税務所の者です 税金払って下さい
いや僕人じゃないっスから
ついでにこんな事をしたって理論的にはゆるされる
この ひとでなし!
はっはっは
いや僕人じゃないっスから
にんげんじゃないわ
作.赤衣丸歩郎
そう考えればこのトーチマンの身分と言うのも悪くない——
…やっぱりお前消しとこうか?
それじゃあみんな この僕トーチマンのかつやくにごきたい下さい
ジャキ

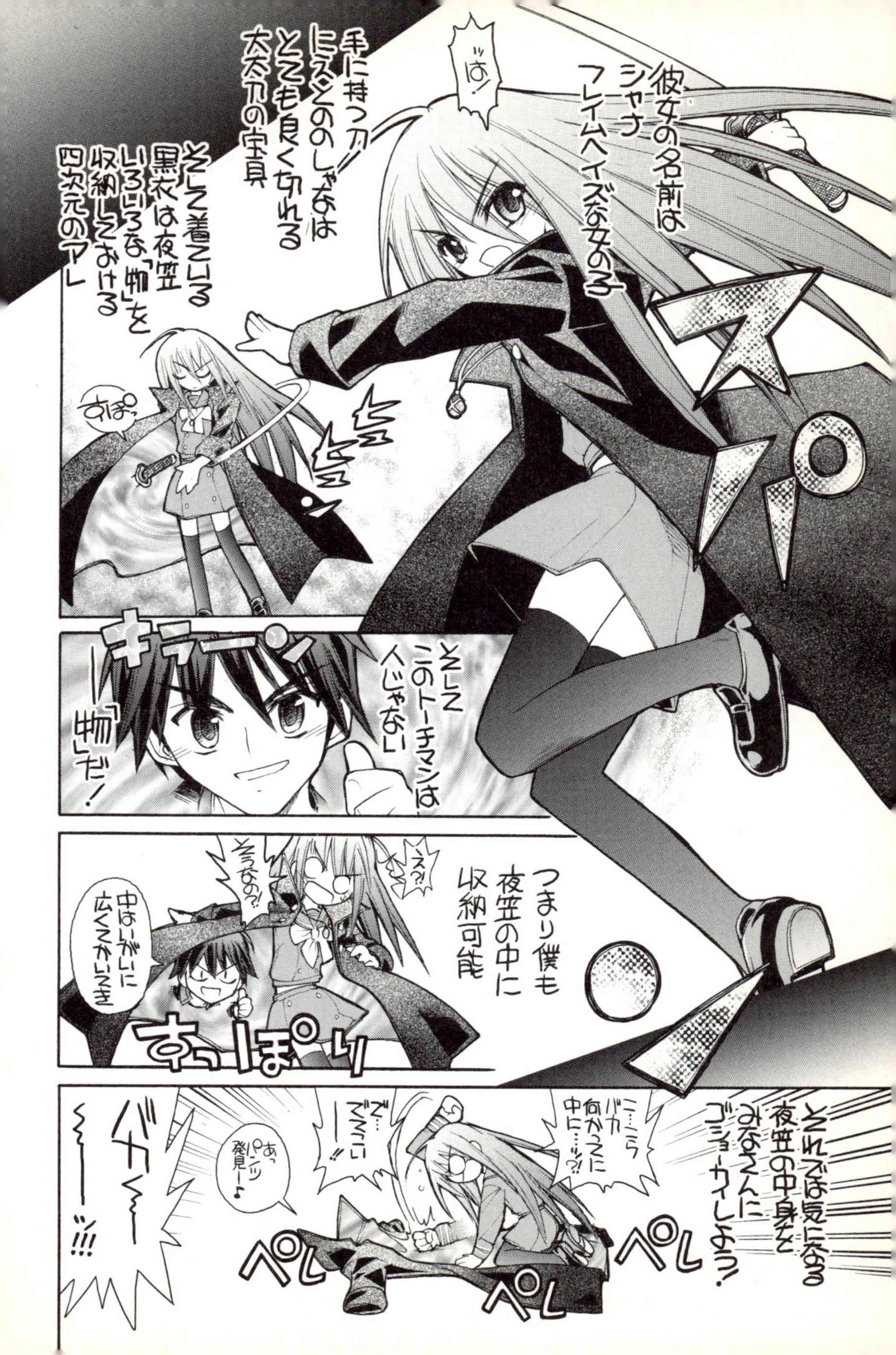
彼女の名前はシャナ
フレイムヘイズな女の子
ッは！
手に持つ刀にえそのの しゃなはとても良く切れる大太刀の宝具
そして着ている黒衣は夜笠
いろいろな「物」を収納しておける四次元のアレ
スッ
ポ
すぽっ
そしてこのトーチマンは人じゃない
キラーン
ー「物」だ！
つまり僕も夜笠の中に収納可能
え？！
そうなの？！
中はいがいに広くてかいてき
すっぽり
それではは気になる夜笠の中身をみなさんにゴショーカイしよう！
こ…こらバカ向かってに中に…ッ？！
で…でてこいー！！
あっパンツ発見！♪
ペル
ペル
ペル
バカ〜〜〜ッ！！！

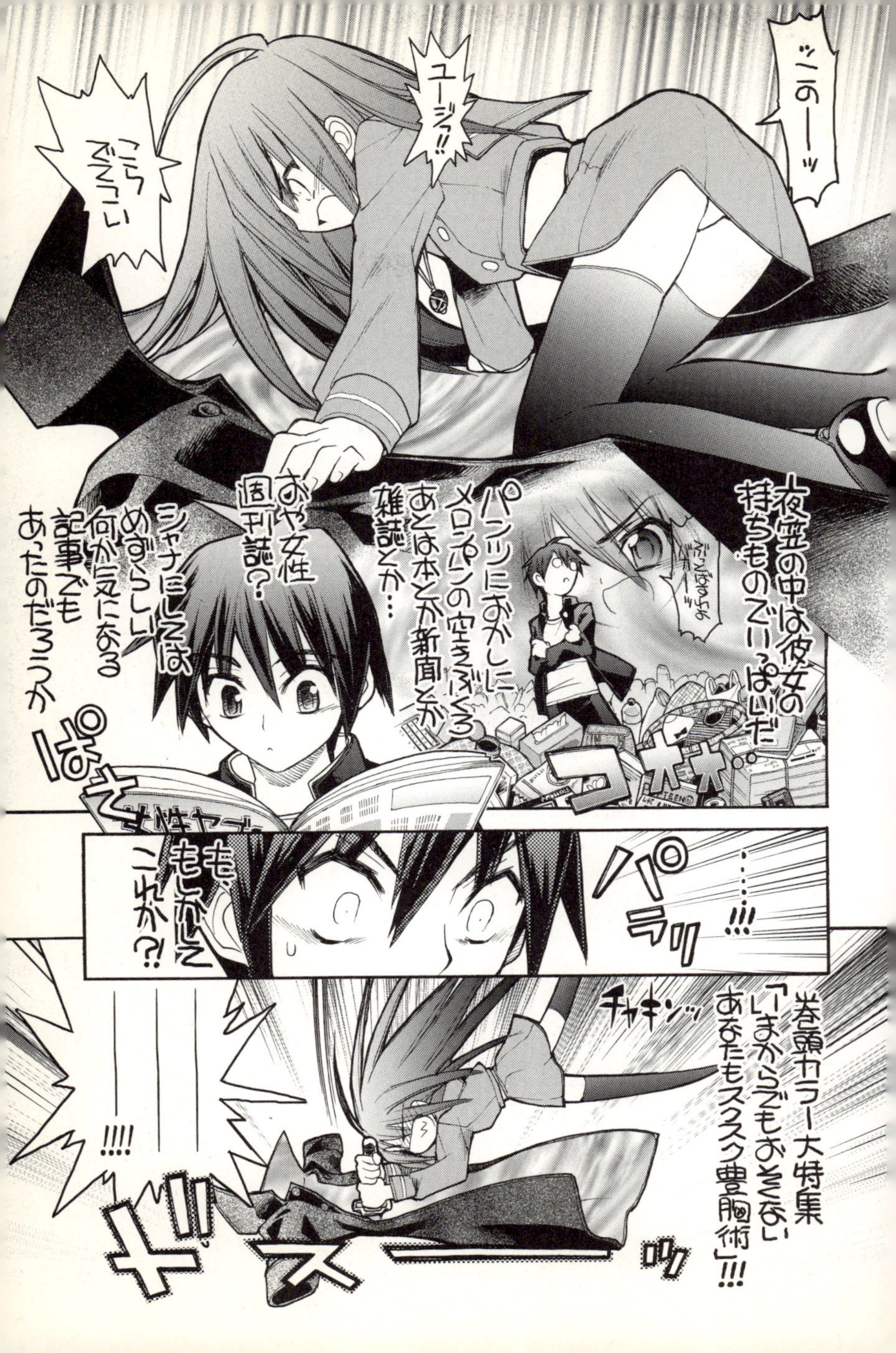

ッこのーーッ
ユージッ!!
こらでてこい
夜笠の中は彼女の持ちものでいっぱいだ
パンツにおかしにメロンパンの空きぶくろあとは本とか新聞とか雑誌とか…
ゴオォォ
おや女性週刊誌?
シャナにしてはめずらしい
向か気になる記事でもあったのだろうか
ぱさ
……!!!
パラッ
も、もしかしてこれか?!
巻頭カラー大特集「いまからでもおそくないあなたもスクスク豊胸術」!!!
チャキンッ
!!!!
ドスーーッ

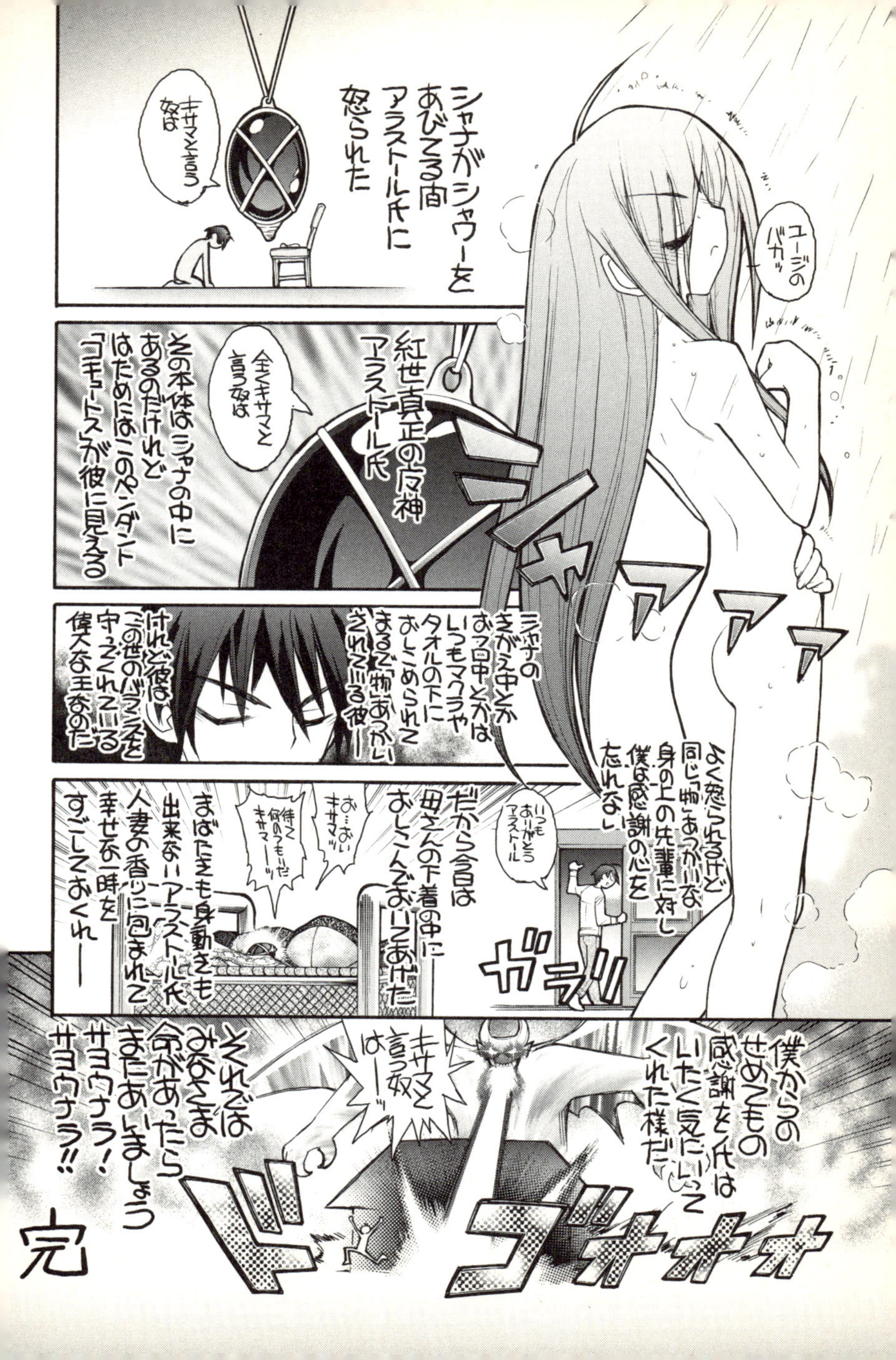

シャナがシャワーをあびてる間アラストール氏に怒られた
キサマと言う奴は
ユージのバカッ
紅世真正の魔神アラストール氏
全くキサマと言う奴は
その本体はシャナの中にあるのだけれどはためにはこのペンダント「コキュートス」が彼に見える
キャアアア
シャナのきがえ中とかおフロ中とかはいつもマクラやタオルの下におしこめられてまるで「物」あつかいされている彼ー
けれど彼はこの世のバランスを守ってくれている偉大な王なのだ
よく怒られるけど同じ「物」あつかいな身の上の先輩に対し僕は感謝の心を忘れない
ガラ!!
いつもありがとうアラストール
だから今日は母さんの下着の中におしこんでおいてあげた
お…おいキサマッ
待て何のつもりだキサマーッ
まばたきも身動きも出来ないアラストール氏人妻の香りに包まれて幸せな一時をすごしておくれー
僕からのせめてもの感謝を氏はいたく気に入ってくれた様だ
キサマと言う奴はー!!
ドゴオオオ
それではみなさま命があったらまたあいましょうサヨウナラ!サヨウナラ!!
完

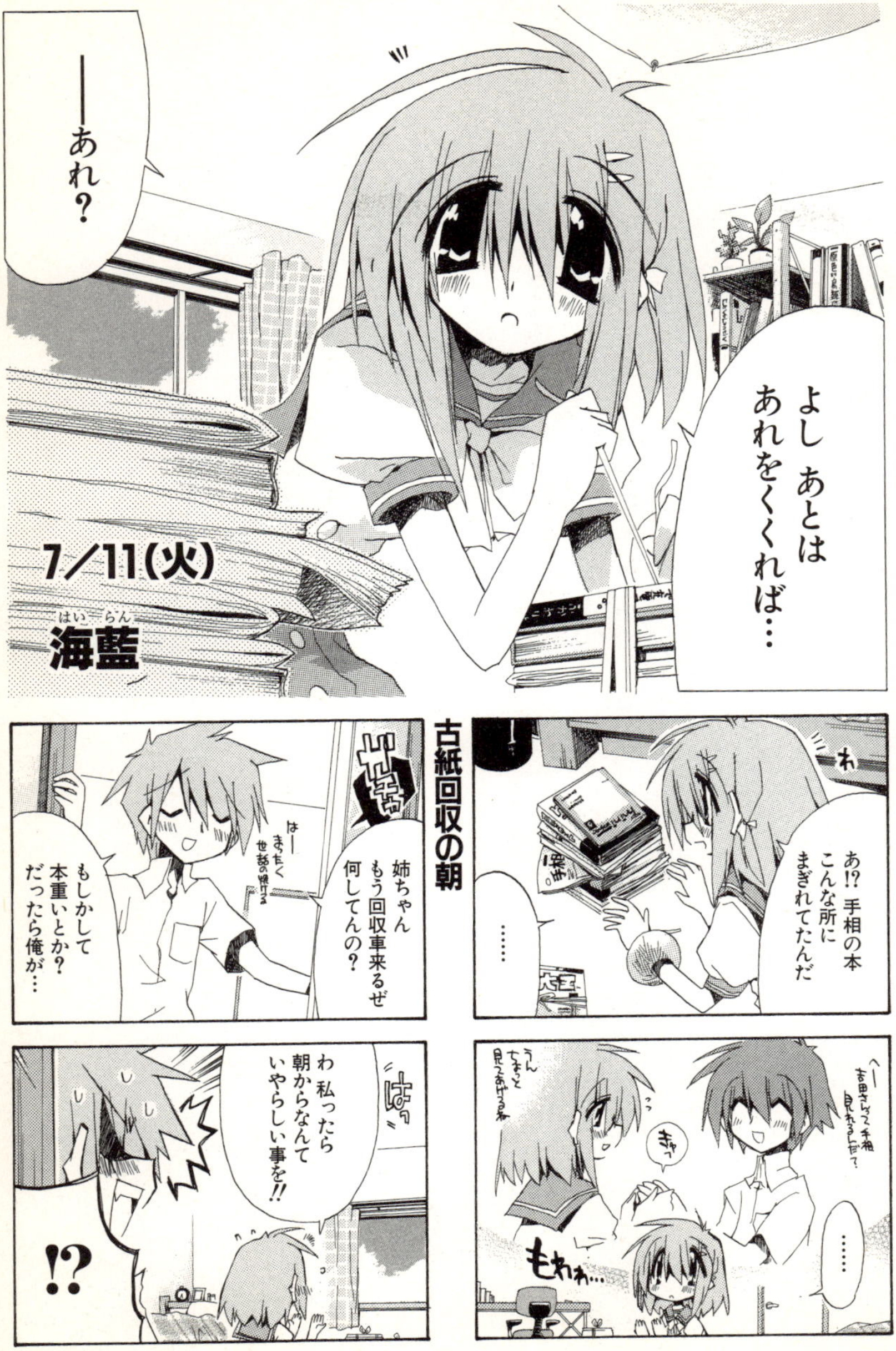

よし あとは あれをくくれば…
——あれ？
7/11(火)
はいらん
海藍
古紙回収の朝
れ
!
あ!? 手相の本 こんな所に まぎれてたんだ
……
ガチャ
姉ちゃん もう回収車来るぜ 何してんの？
はー まったく 世話の焼ける
もしかして 本重いとか？ だったら俺が…
へー 吉田さんって手相見れるんだって
うん ちょっと見てあげるね
きゃっ
もわわ…
……
はっ
わ 私ったら 朝からなんて いやらしい事を!!
!?

spring

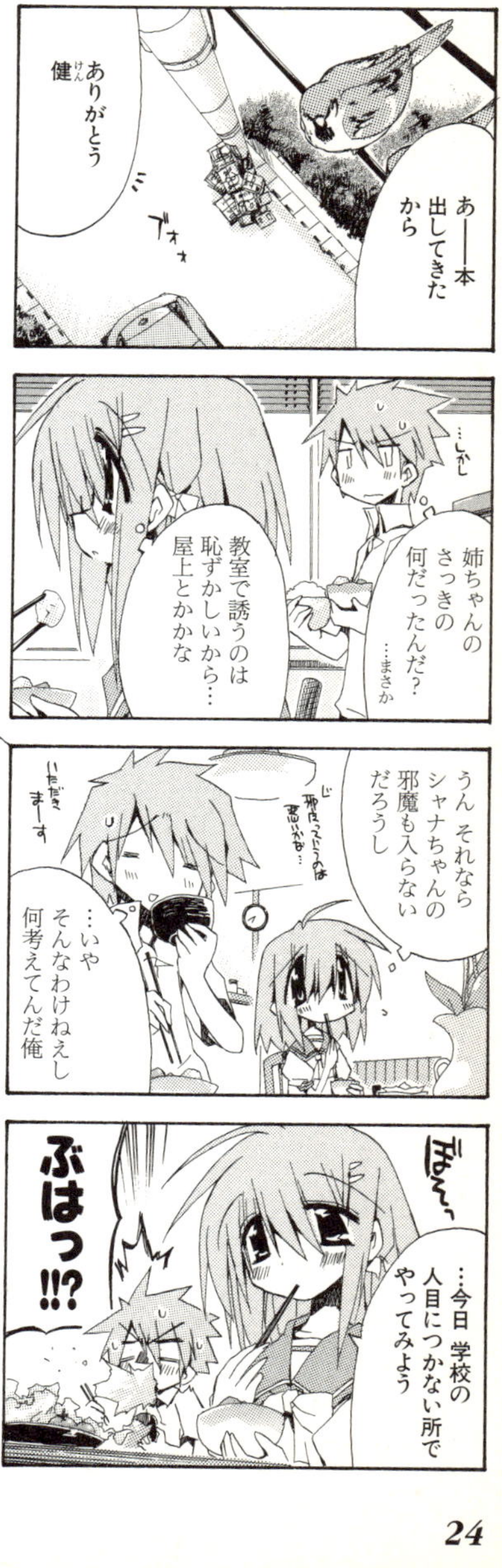
あ――本
出してきた
から
ありがとう
健
ブオォ
姉ちゃんの
さっきの
何だったんだ？
…まさか
…しかし
教室で誘うのは
恥ずかしいから…
屋上とかかな
うん それなら
シャナちゃんの
邪魔も入らない
だろうし
いただきまーす
…いや
そんなわけねえし
何考えてんだ俺
ぼん
…今日 学校の
人目につかない所で
やってみよう
ぶはっ!!?

毎週末

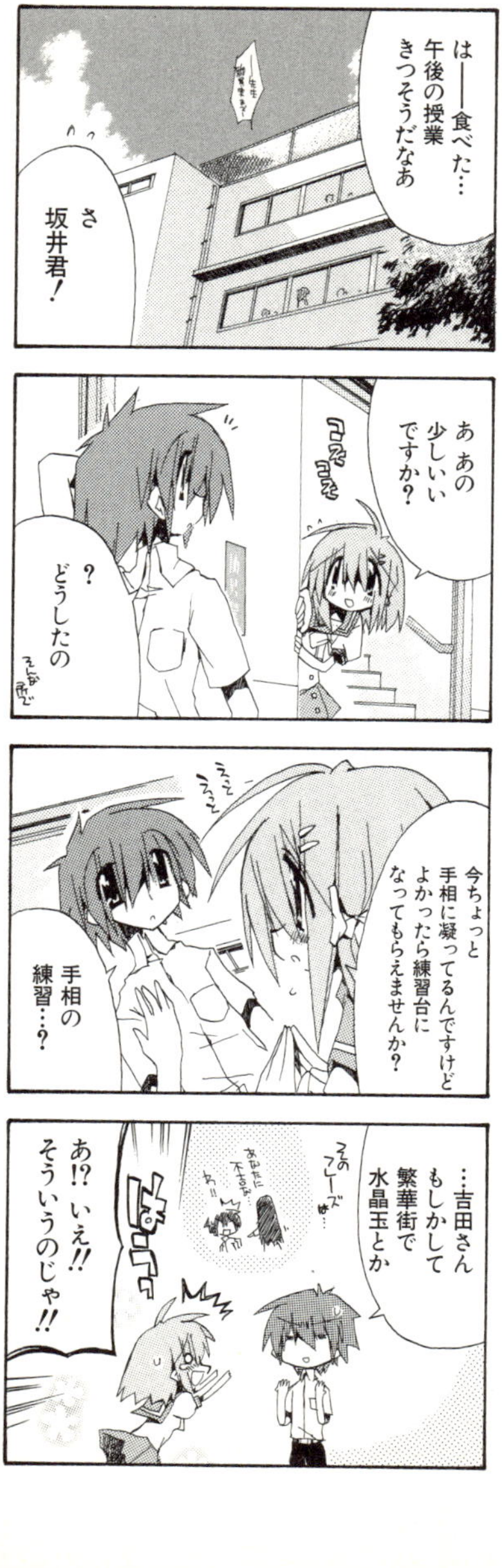
は――食べた…
午後の授業
きつそうだなあ
さ
坂井君！
ああの
少しいい
ですか？
コソコソ
？
どうしたの
そんな所で
今ちょっと
手相に凝ってるんですけど
よかったら練習台に
なってもらえませんか？
えええええ
手相の
練習…？
…吉田さん
もしかして
繁華街で
水晶玉とか
そのフレーズは…
あ!? いえ!!
そういうのじゃ!!

あさって

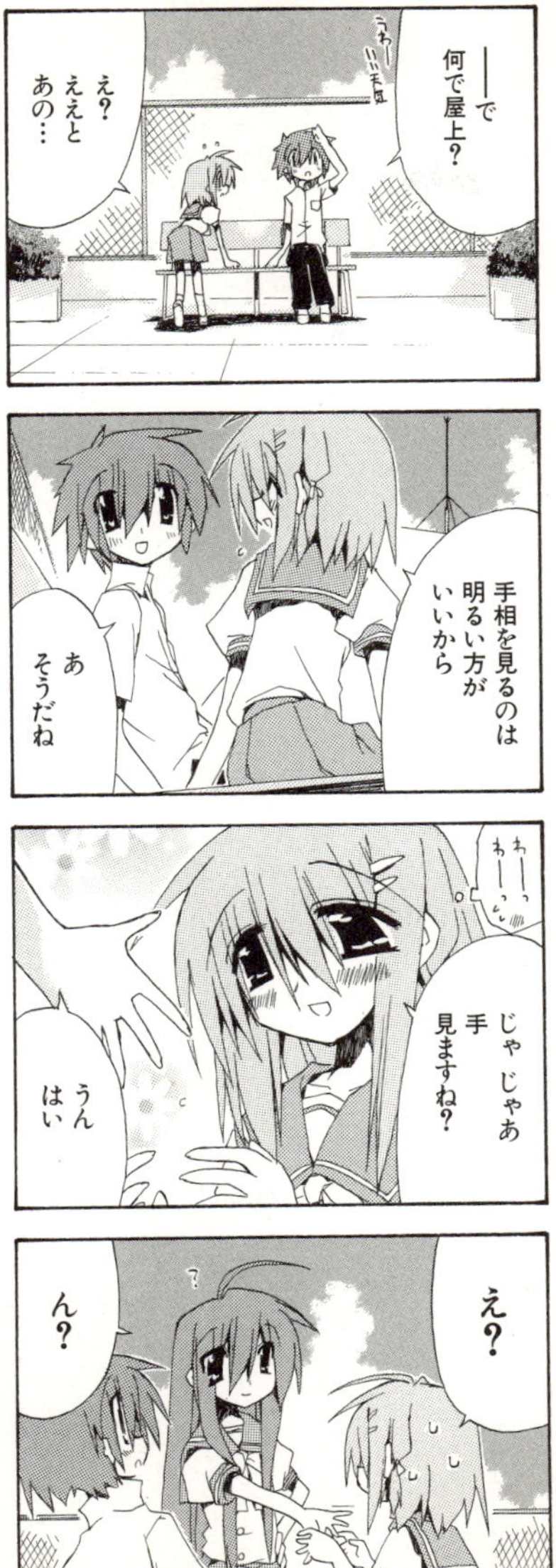
――で何で屋上?
うわー いい天気
え? ええとあの…
手相を見るのは明るい方がいいから
あ そうだね
じゃ じゃあ手見ますね?
わーっ わーっ
うん はい
え?
ん?

錆

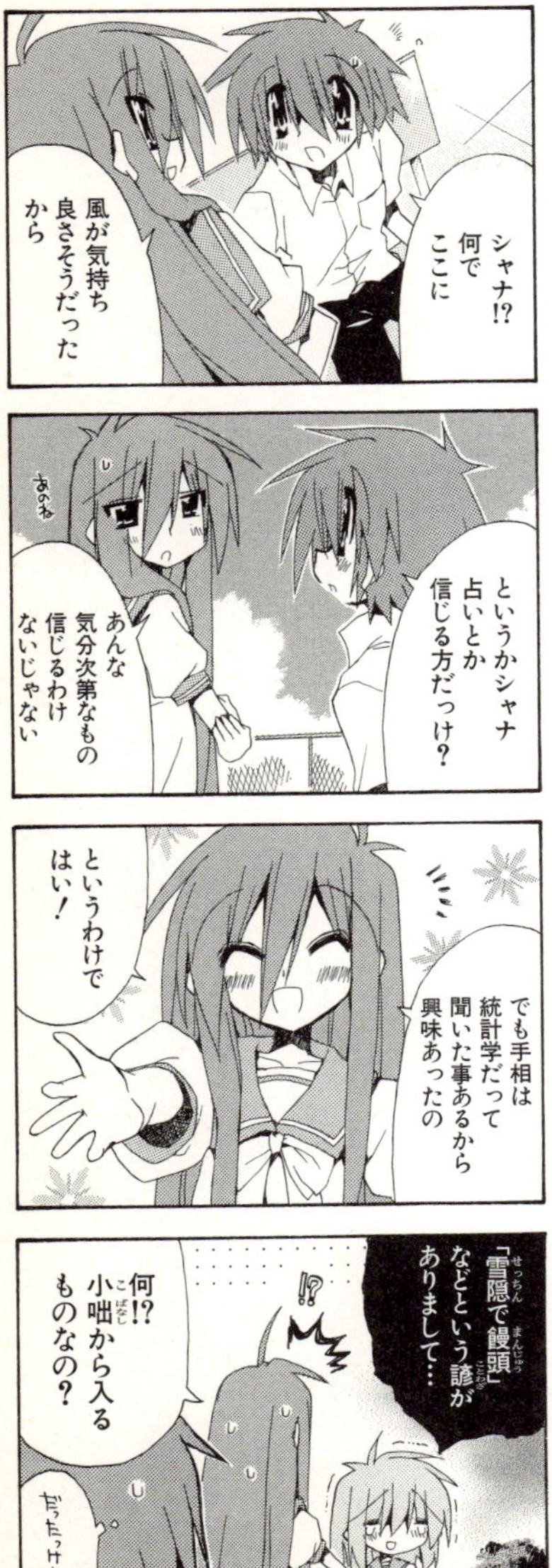
シャナ!? 何でここに
風が気持ち良さそうだったから
というかシャナ占いとか信じる方だっけ?
あのね
あんな気分次第なもの信じるわけないじゃない
でも手相は統計学だって聞いた事あるから興味あったの
というわけではい!
「雪隠で饅頭」などという諺がありまして…
!?
何!? 小咄から入るものなの?
だったっけ…?

前例なし

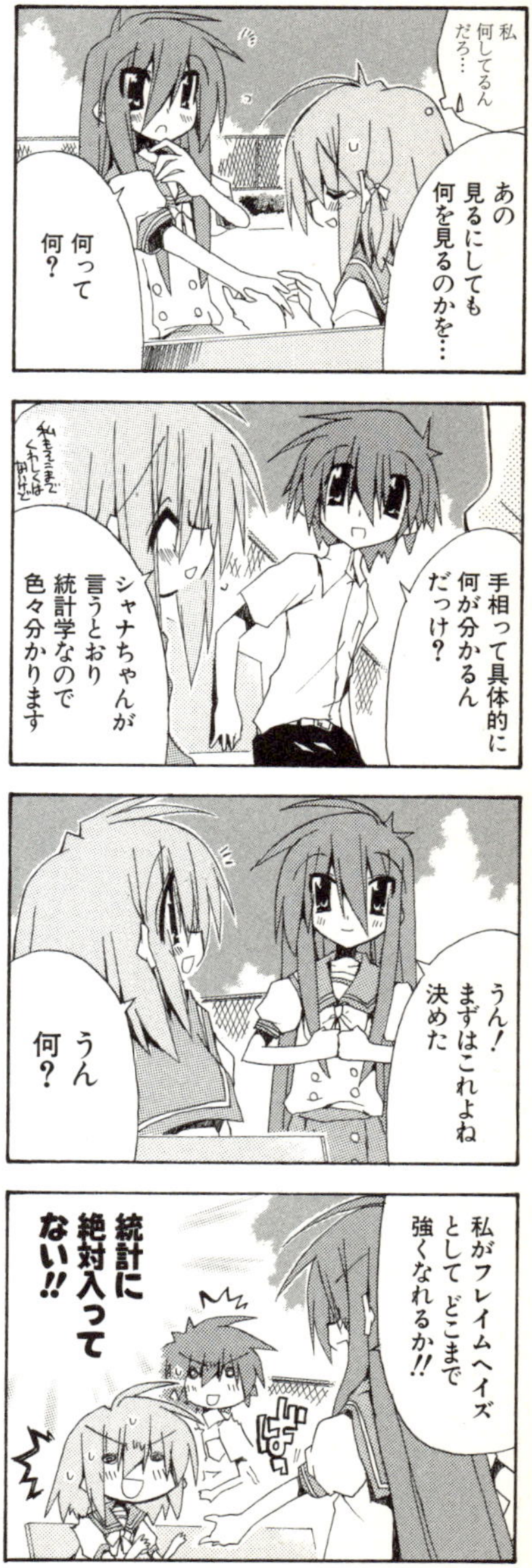
私
何してるん
だろ…
あの
見るにしても
何を見るのかを…
何って
何？
手相って具体的に
何が分かるん
だっけ？
私もそこまで
くわしくは
ないけど
シャナちゃんが
言うとおり
統計学なので
色々分かります
うん！
まずはこれよね
決めた
うん
何？
私がフレイムヘイズ
として どこまで
強くなれるか!!
統計に
絶対入って
ない!!

五割

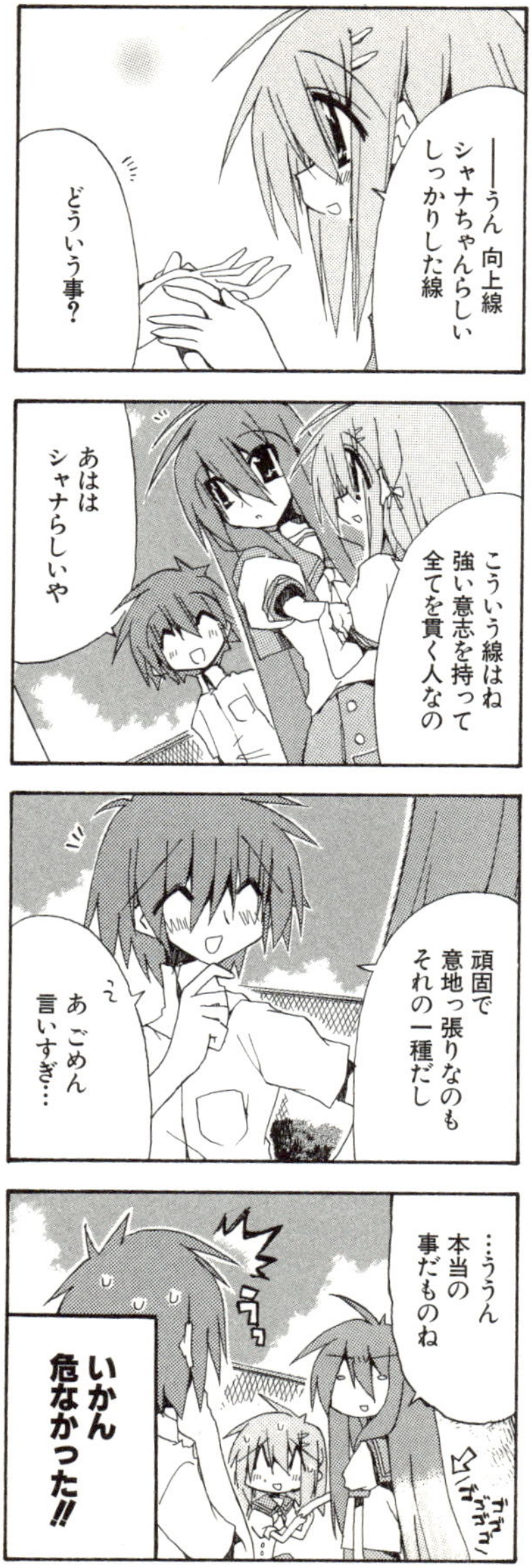
——うん 向上線
シャナちゃんらしい
しっかりした線
どういう事？
こういう線はね
強い意志を持って
全てを貫く人なの
あはは
シャナらしいや
頑固で
意地っ張りなのも
それの一種だし
あ ごめん
言いすぎ…
…ううん
本当の
事だものね
いかん
危なかった!!

二股の相

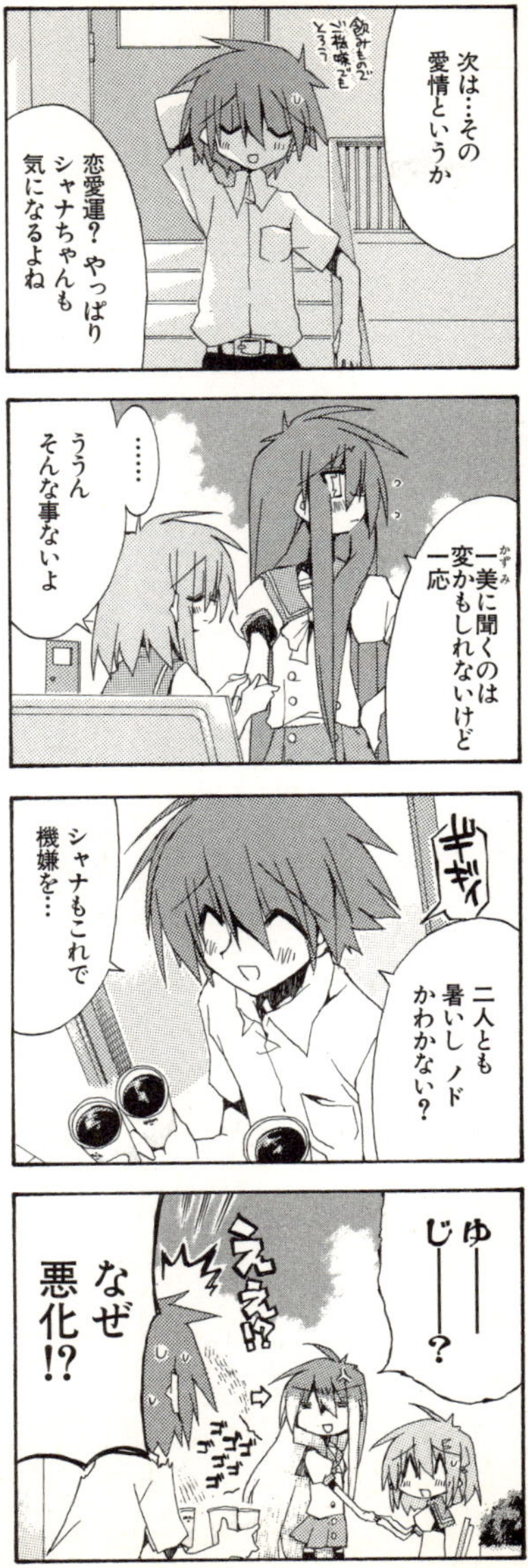
飲みものでご機嫌でもとろう
次は…その愛情というか
恋愛運？やっぱりシャナちゃんも気になるよね
一美に聞くのは変かもしれないけど一応
……
ううん そんな事ないよ
ギギィ
二人とも暑いし ノド かわかない？
シャナもこれで機嫌を…
ゆーーじーーー？
ええぇ!?
ゴゴゴゴゴ
なぜ悪化!?

鵜

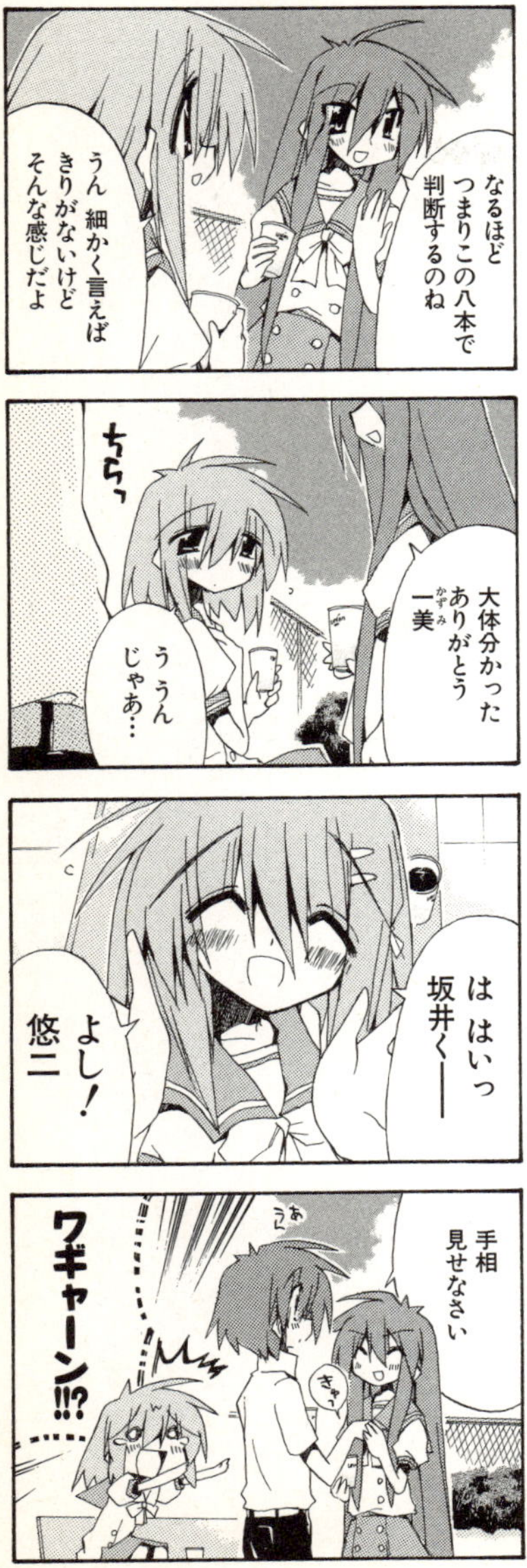
なるほど つまりこの八本で判断するのね
うん 細かく言えばきりがないけど そんな感じだよ
ちらっ
大体分かった ありがとう 一美
ううん じゃあ…
は はいっ 坂井くーー
よし！悠二
手相見せなさい
きゃっ
ワギャーン!!?

盾と矛

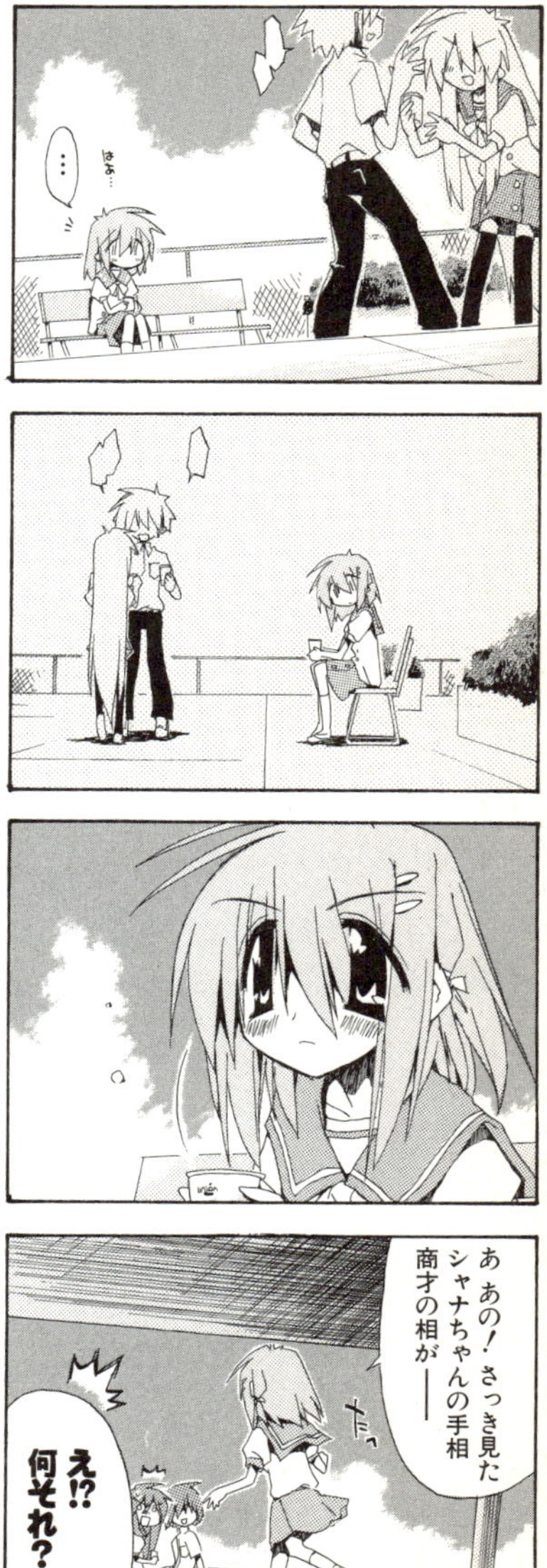
はぁ…
…
あぁの！さっき見た
シャナちゃんの手相
商才の相が――
たっ
え⁉
何それ？

has come

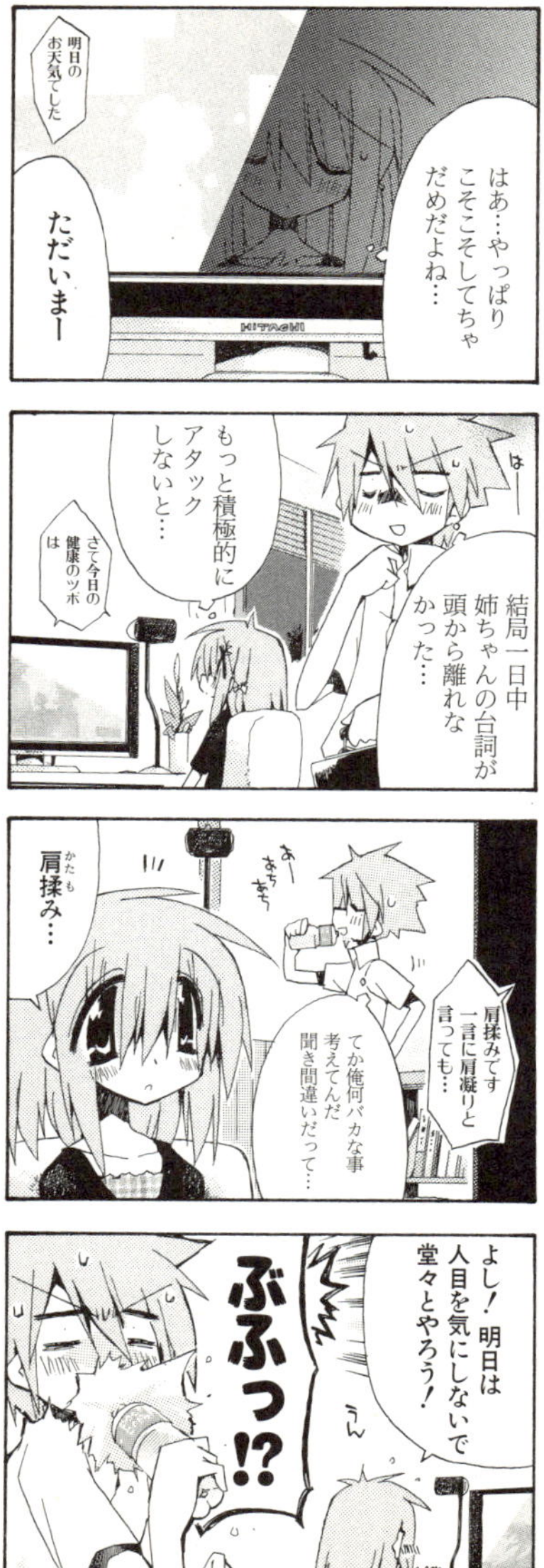
明日のお天気でした
はぁ…やっぱり
こそこそしてちゃ
だめだよね…
HITACHI
ただいまー
はー
もっと積極的に
アタック
しないと…
さて今日の健康のツボは
結局一日中
姉ちゃんの台詞が
頭から離れな
かった…
肩揉み…
あー
あち
あち
肩揉みです
一言に肩凝りと
言っても…
てか俺何バカな事
考えてんだ
聞き間違いだって…
よし！明日は
人目を気にしないで
堂々とやろう！
うん
ぶふっ⁉

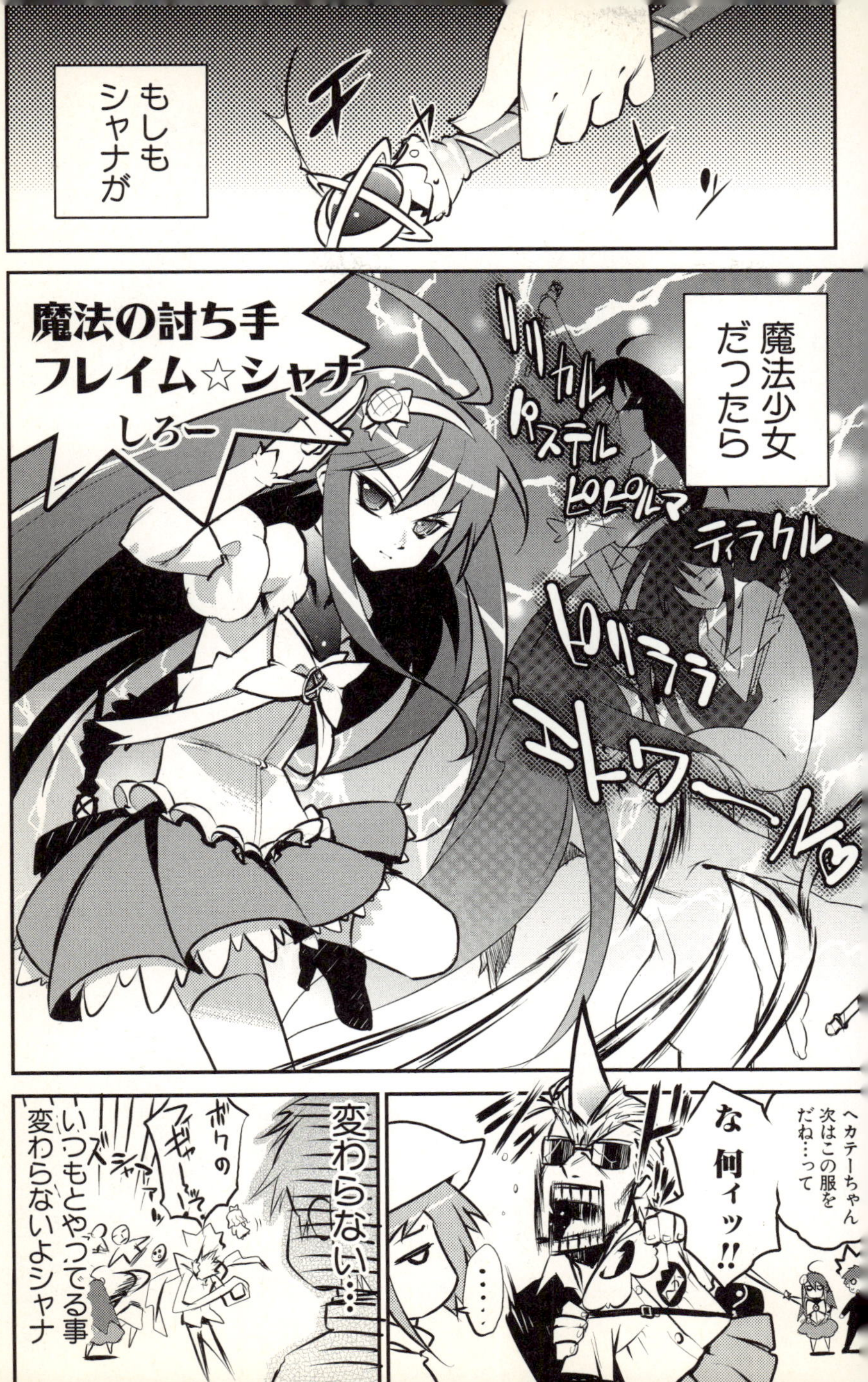
チキッ
もしもシャナが
魔法少女だったら
リリカル
パステル
ピピルマ
ティラクル
ピリララ
エトワール♡
魔法の討ち手
フレイム☆シャナ
しろー
ヘカテーちゃん次はこの服をだね…って
な 何イッ!!
……
変わらない…
ボクのフィギャーッ
ズシャアァァッ
いつもとやってる事変わらないよシャナ

マイナスイオン出てそう

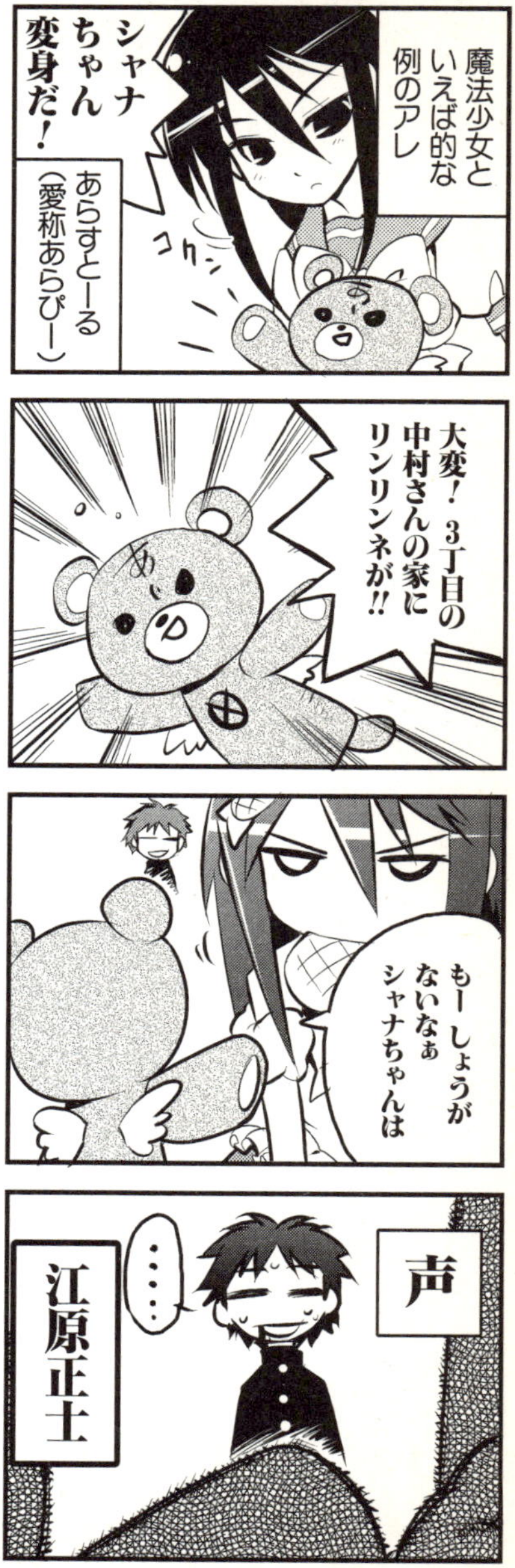

つんでれ

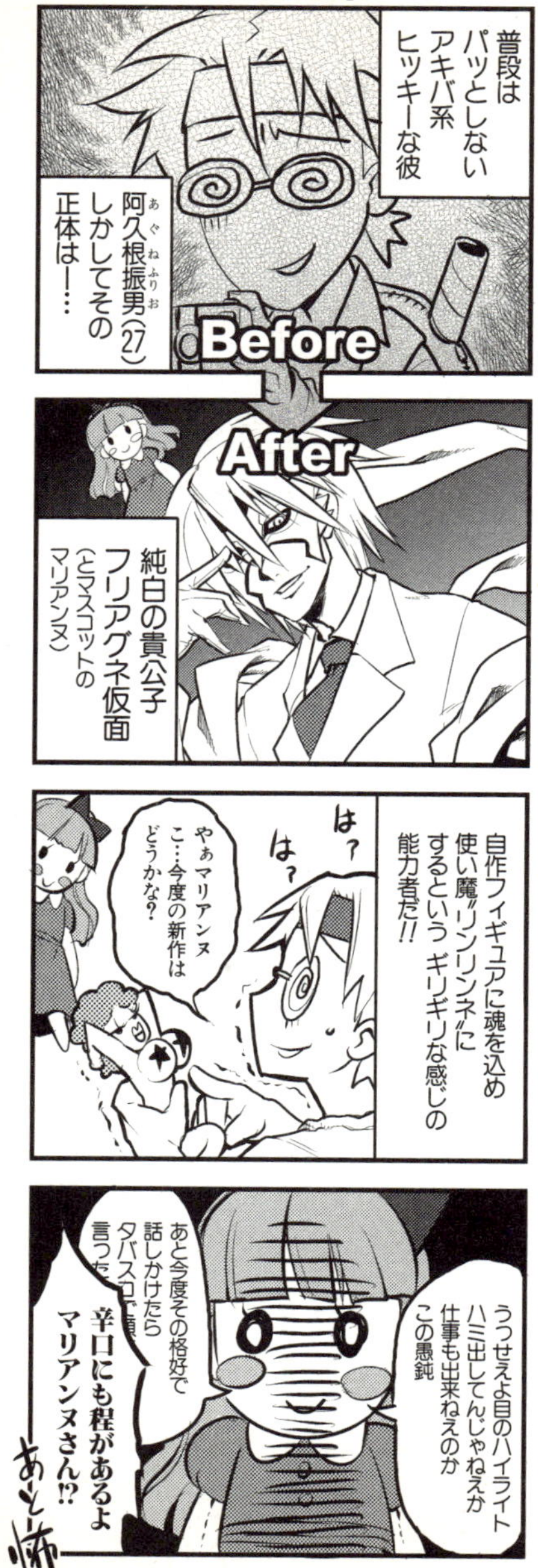

もしも悠二が悠子なら

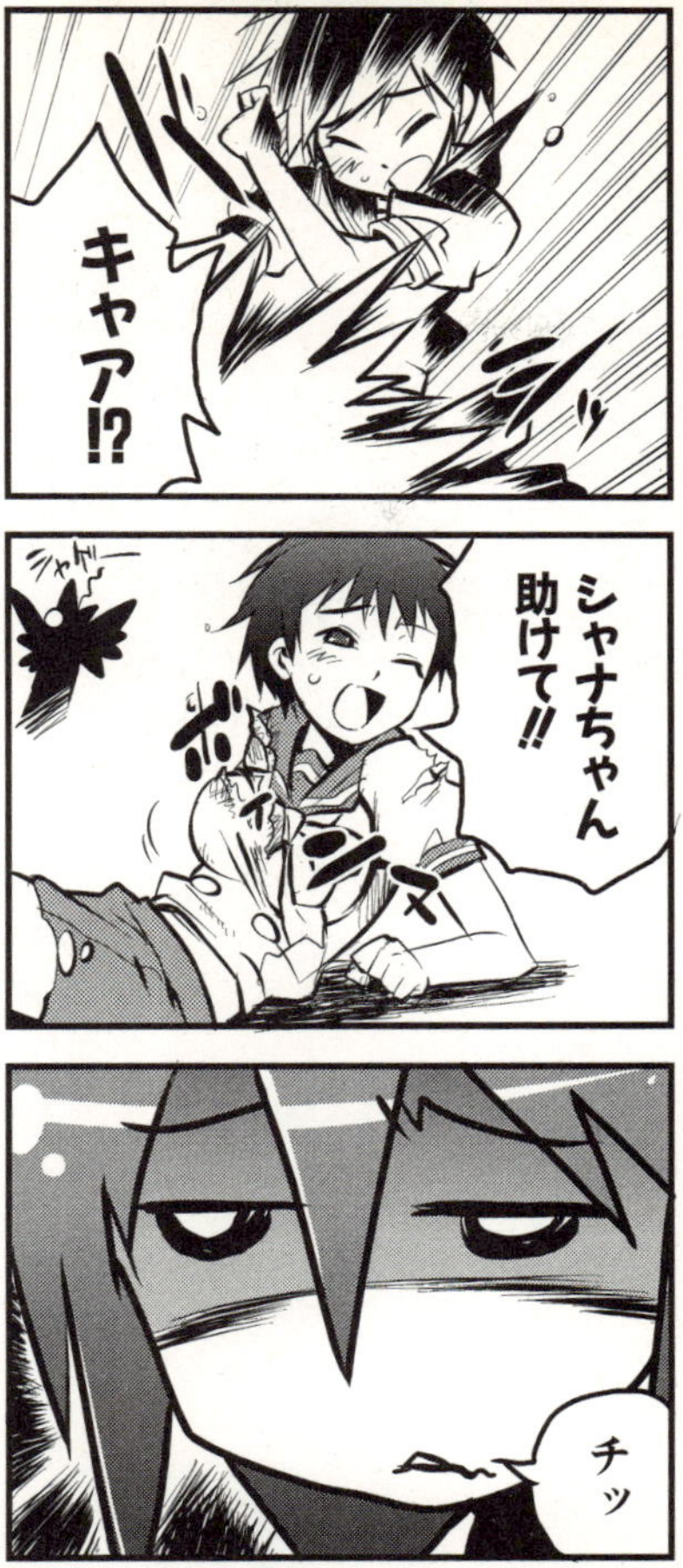

むしろやっぱり悠二キュン

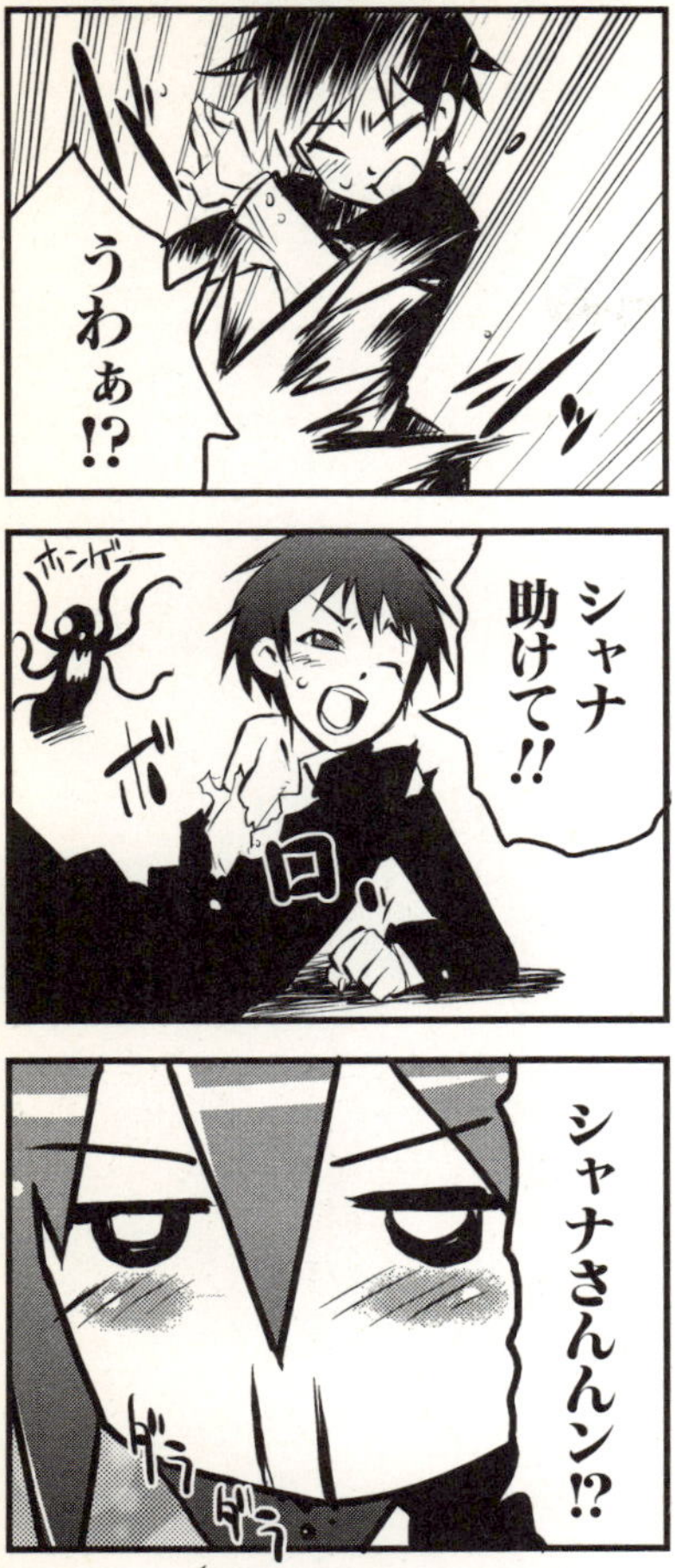

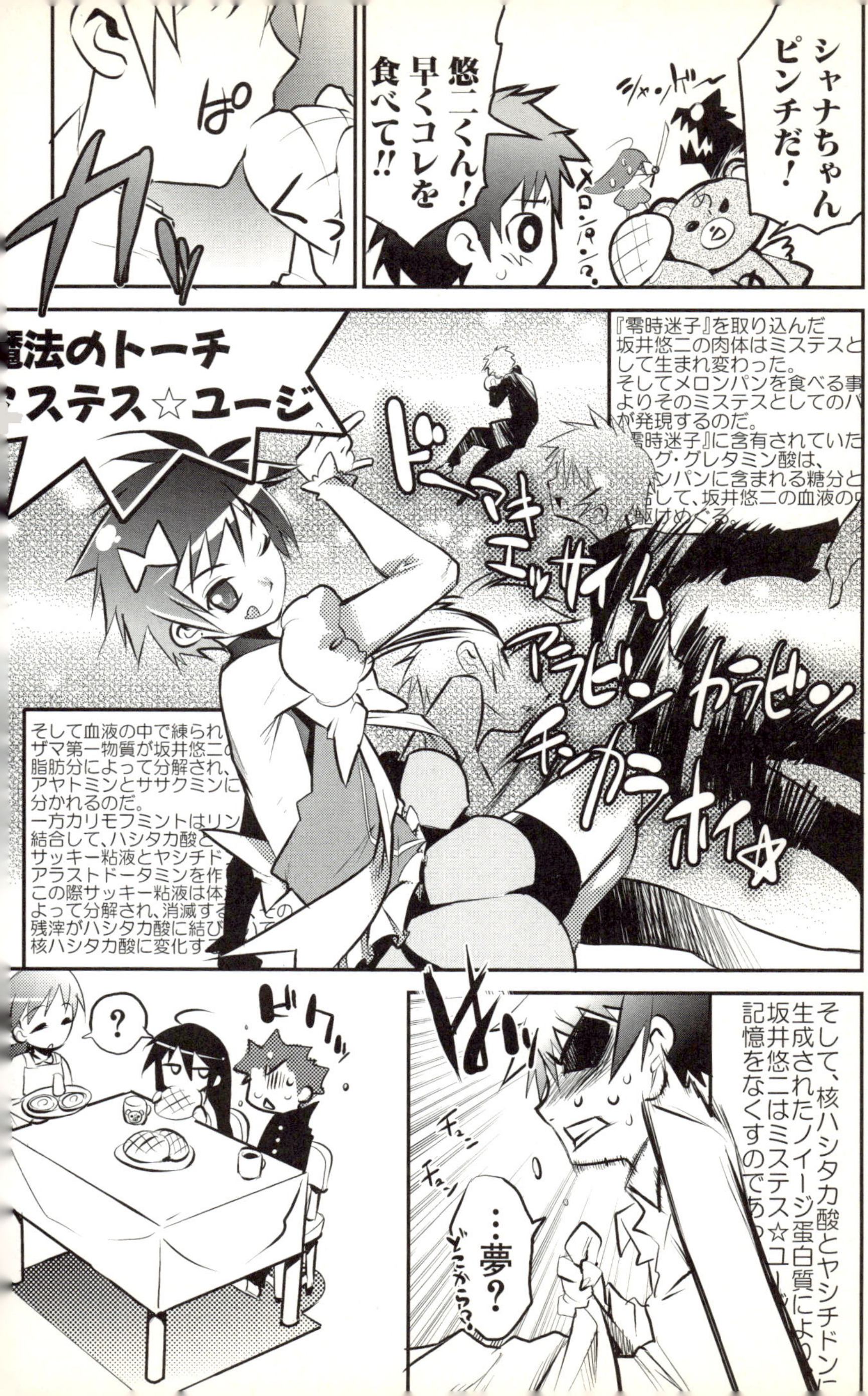
シャナちゃんピンチだ！
悠二くん！早くコレを食べて!!
ぱく
『零時迷子』を取り込んだ
坂井悠二の肉体はミステスと
して生まれ変わった。
そしてメロンパンを食べる事
よりそのミステスとしてのパ
が発現するのだ。
零時迷子』に含有されていた
グ・グレタミン酸は、
ンパンに含まれる糖分と
して、坂井悠二の血液の
駆けめぐる。
魔法のトーチ
ミステス☆ユージ
ドーマキ
エッサイム
アラビン カラビン
チンカラホイ☆
そして血液の中で練られ
ザマ第一物質が坂井悠二の
脂肪分によって分解され、
アヤトミンとササクミンに
分かれるのだ。
一方カリモフミントはリン
結合して、ハシタカ酸と
サッキー粘液とヤシチド
アラストドータミンを作
この際サッキー粘液は体
よって分解され、消滅する その
残滓がハシタカ酸に結び
核ハシタカ酸に変化す
そして、核ハシタカ酸とヤシチドン
生成されたノイージ蛋白質により
坂井悠二はミステス☆ユー
記憶をなくすのであ
チュン
チュン
…夢？
どこから？
？
ビクッ

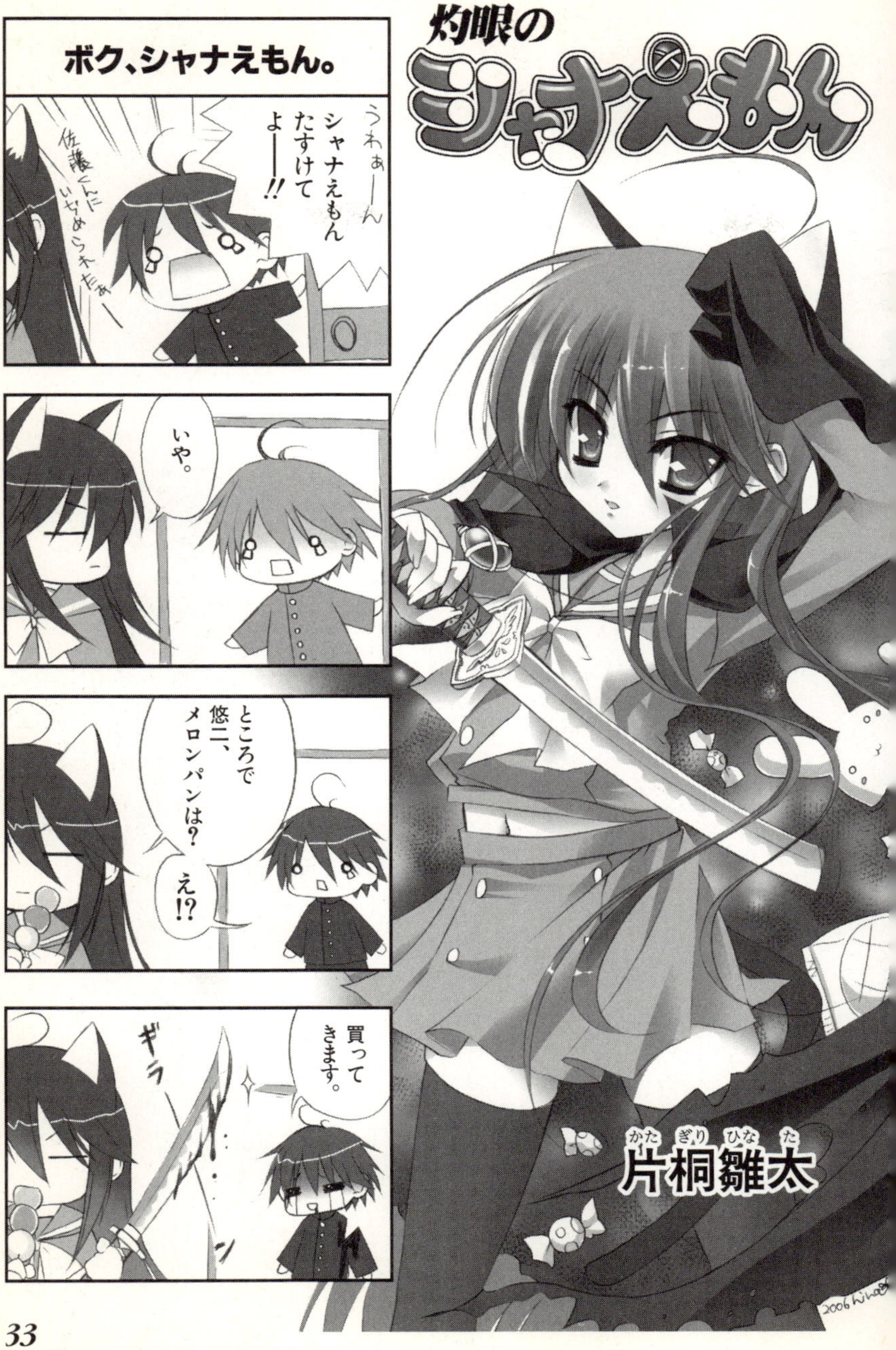
灼眼のシャナえもん
片桐雛太
ボク、シャナえもん。
うわぁ――ん
シャナえもんたすけてよ――!!
佐藤くんにいじめられたぁ――
いや。
ところで悠二、メロンパンは?
え!?
ギラ
買ってきます。

えもんの あかし。

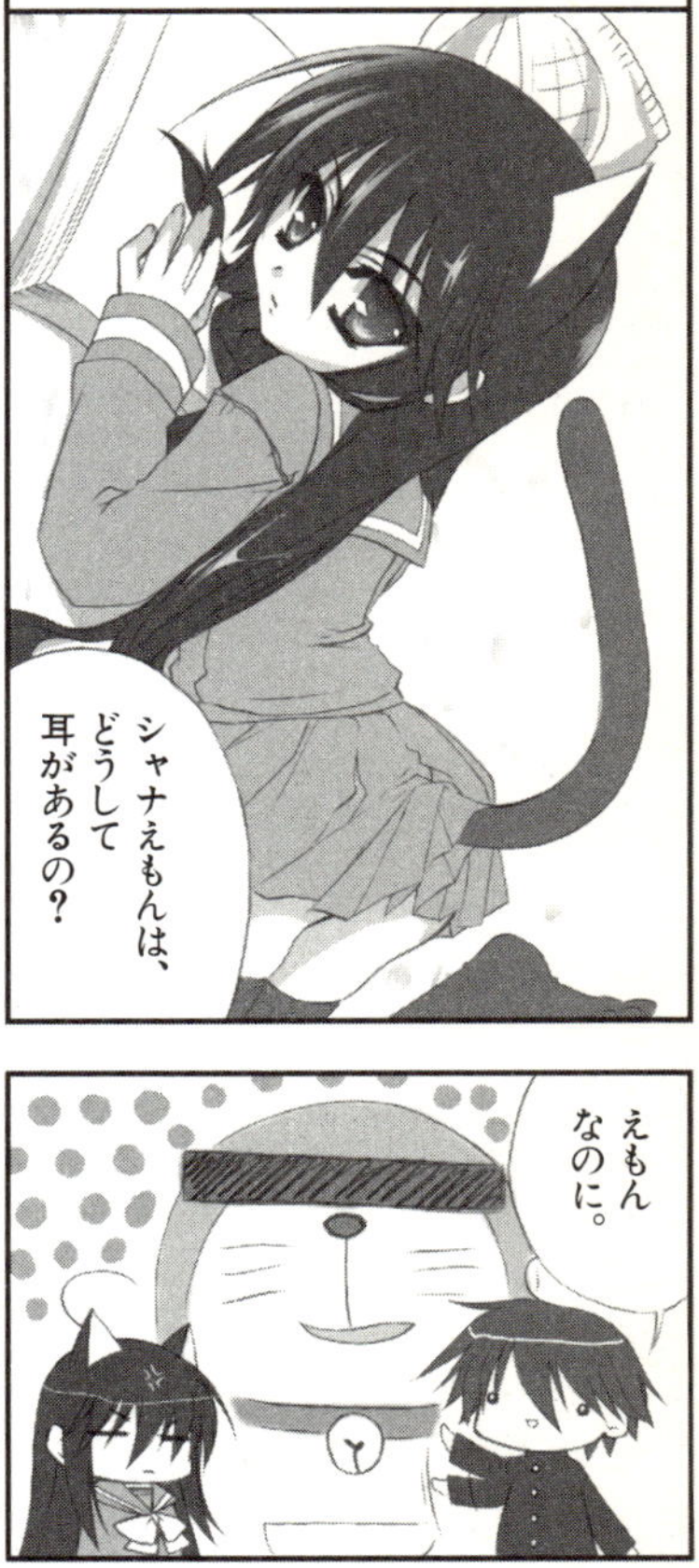

代金 引きかえ。

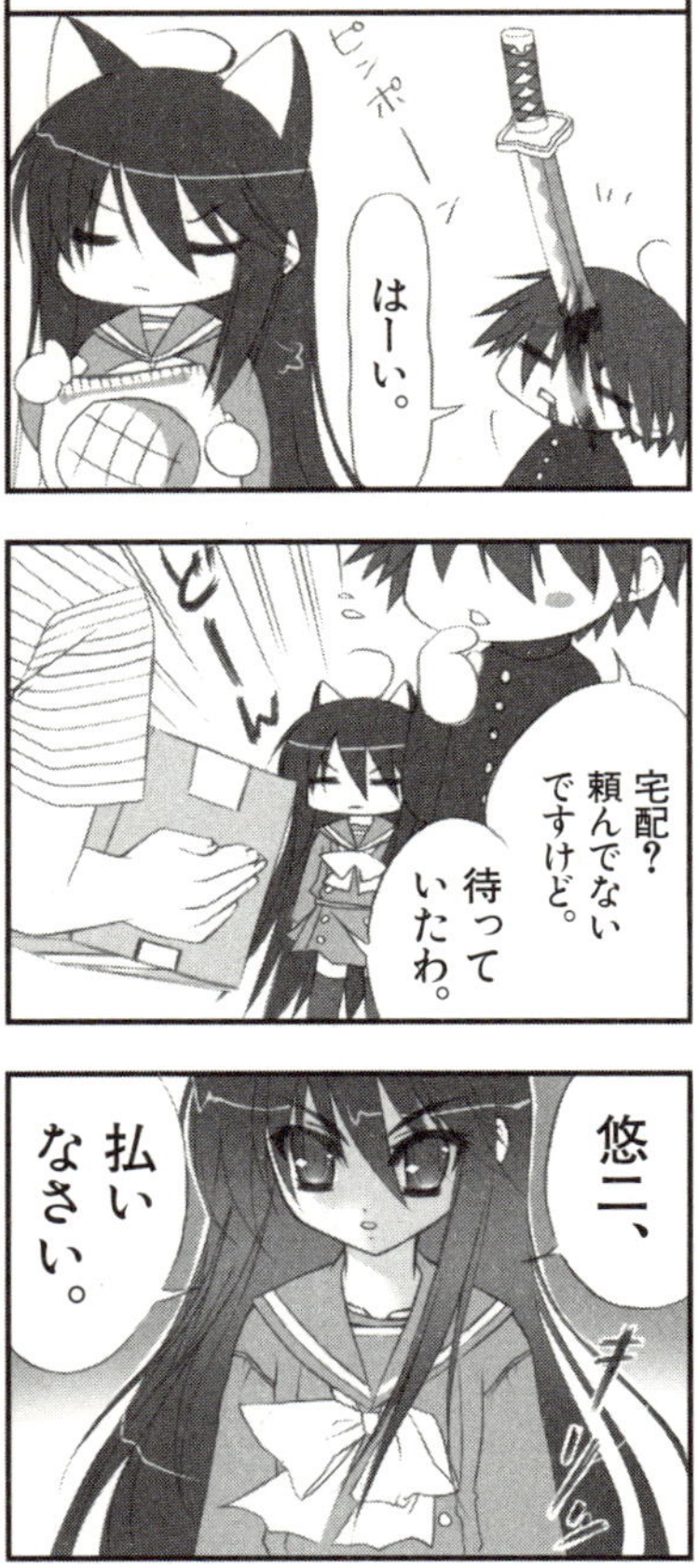

おりぢなるです。

イズム。

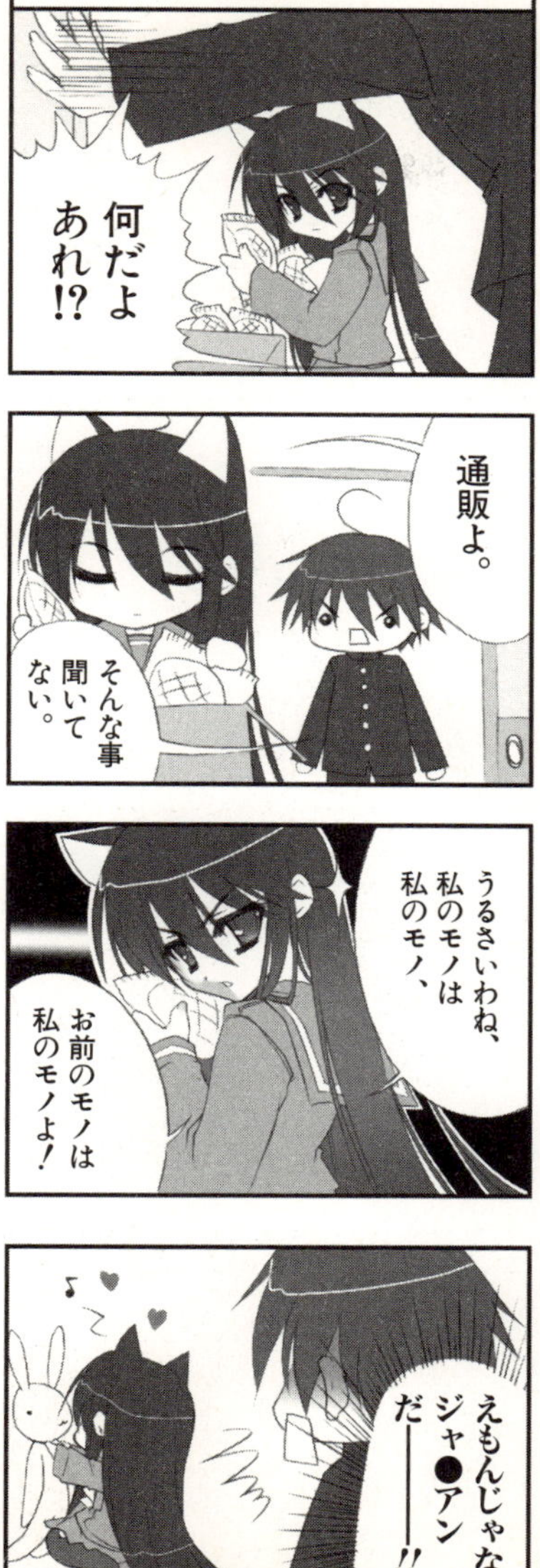
何だよ
あれ!?
通販よ。
そんな事聞いてない。
うるさいわね、私のモノは私のモノ、
お前のモノは私のモノよ!
えもんじゃないジャ●アンだ――――!!

男のロマン。

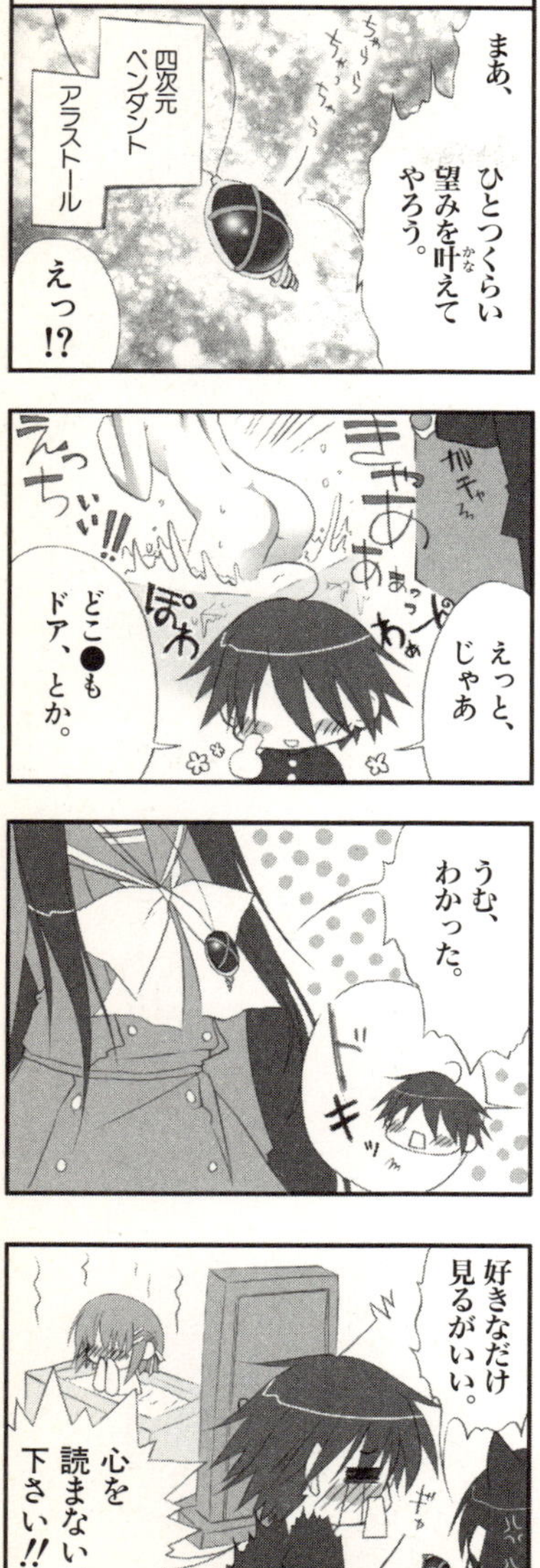
まあ、
ひとつくらい望みを叶えてやろう。
四次元ペンダント
アラストール
えっ!?
えっちぃ!!
きゃああっ
ガチャ
ぽわ
えっと、じゃあ
どこ●もドア、とか。
うむ、わかった。
ドキッ
好きなだけ見るがいい。
心を読まないで下さい!!

ポロリはいいな♪　チラリもいいな♪

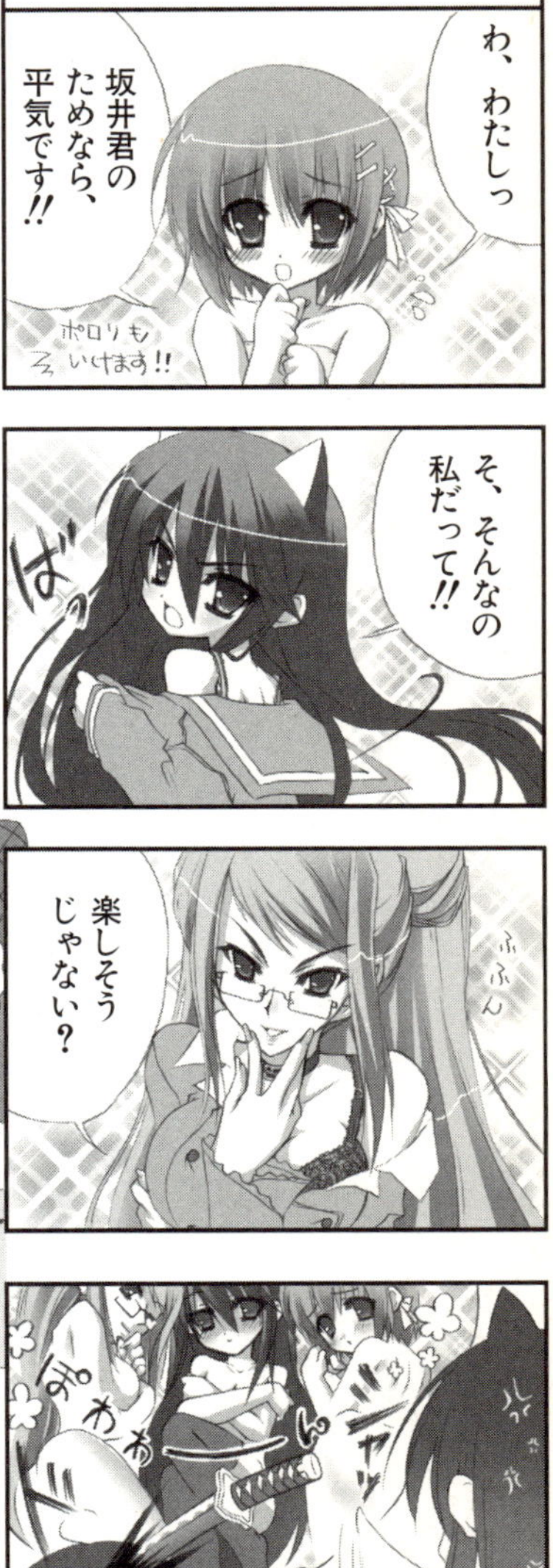

ヴィルヘルミナ検定

真田鈴（さなだりん）

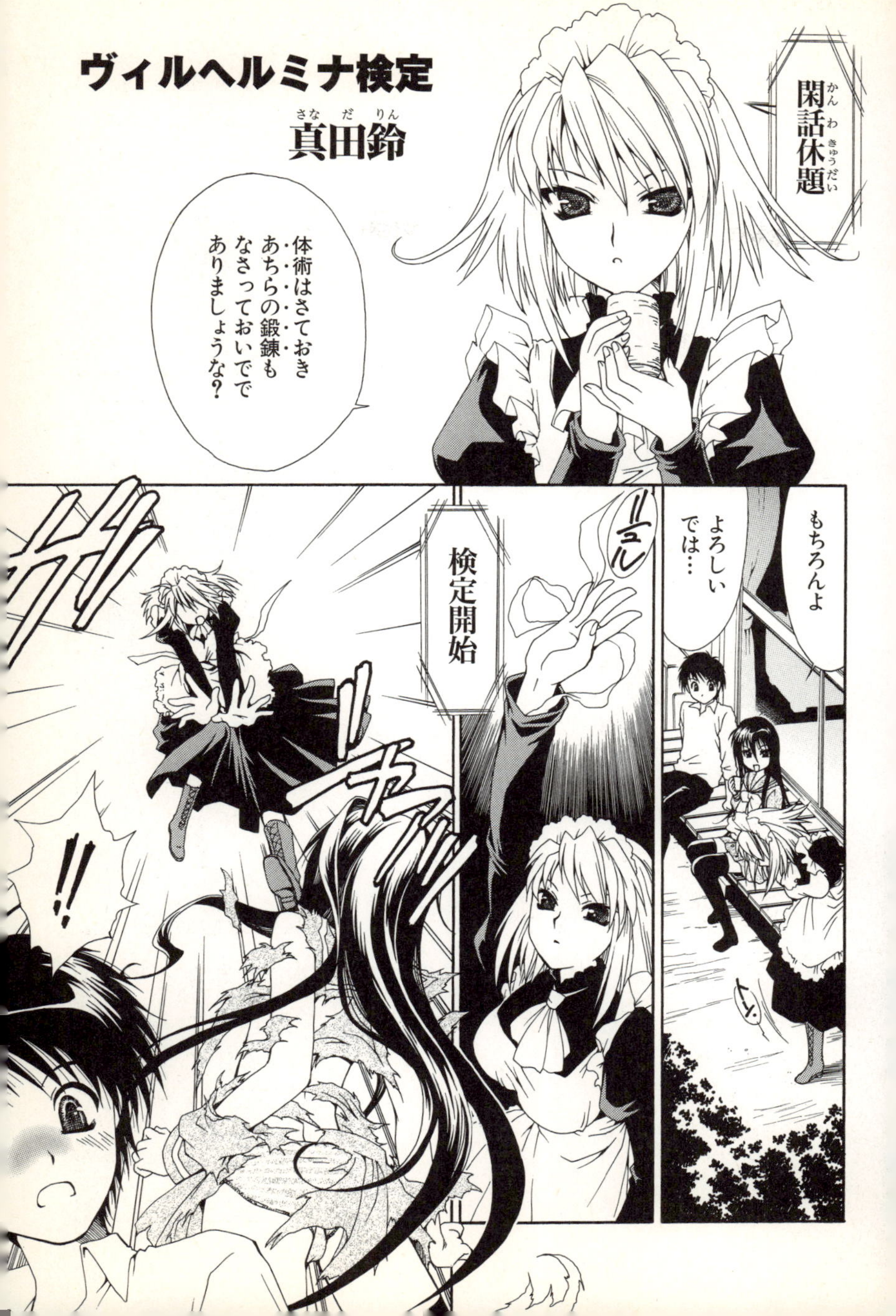

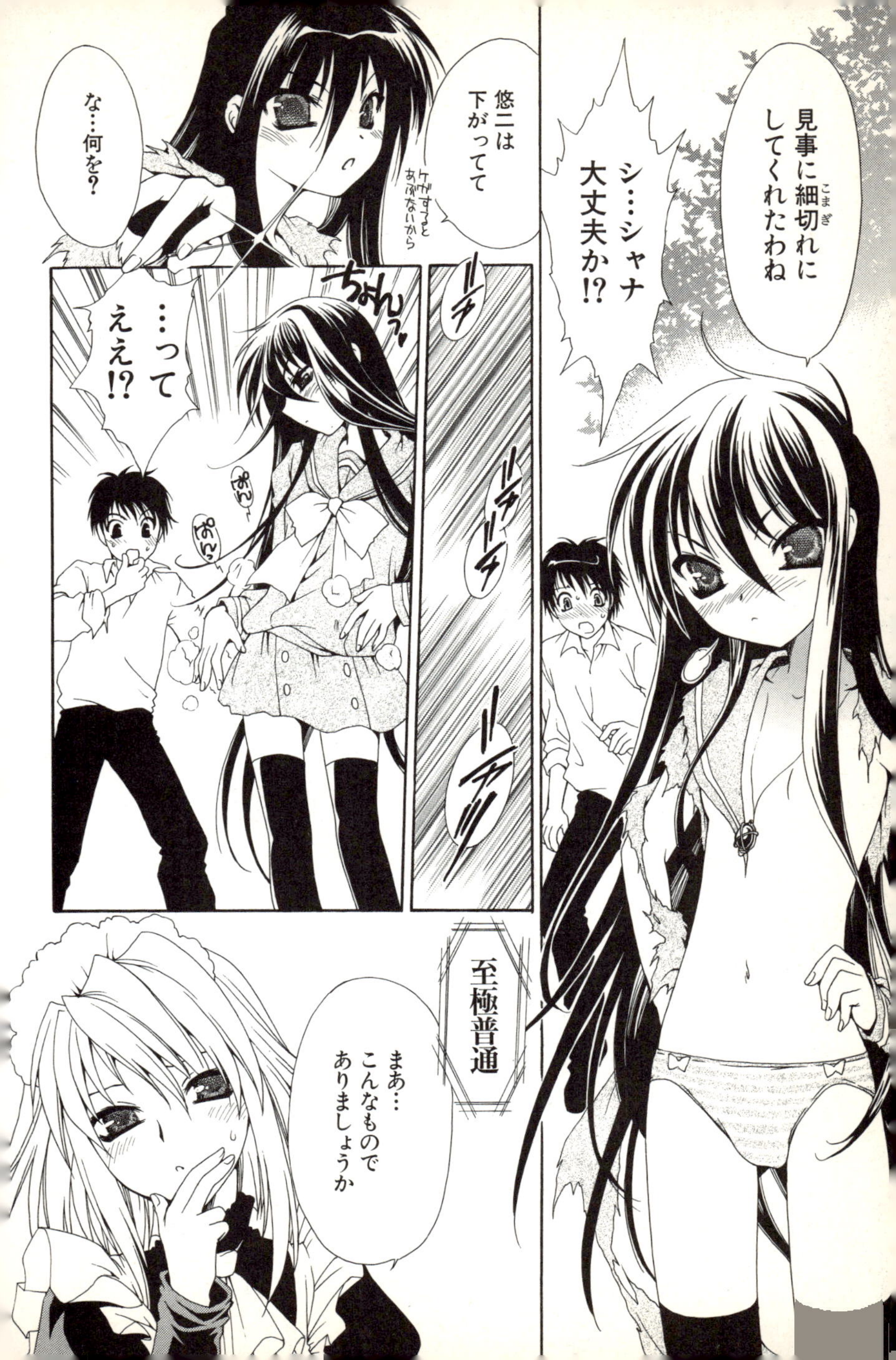
見事に細切れにしてくれたわね
シ…シャナ大丈夫か!?
悠二は下がってて
ケガするとあぶないから
な…何を？
ちょんっ
…ってええ!?
ぽん
ぽんっ
至極普通
まあ…こんなものでありましょうか

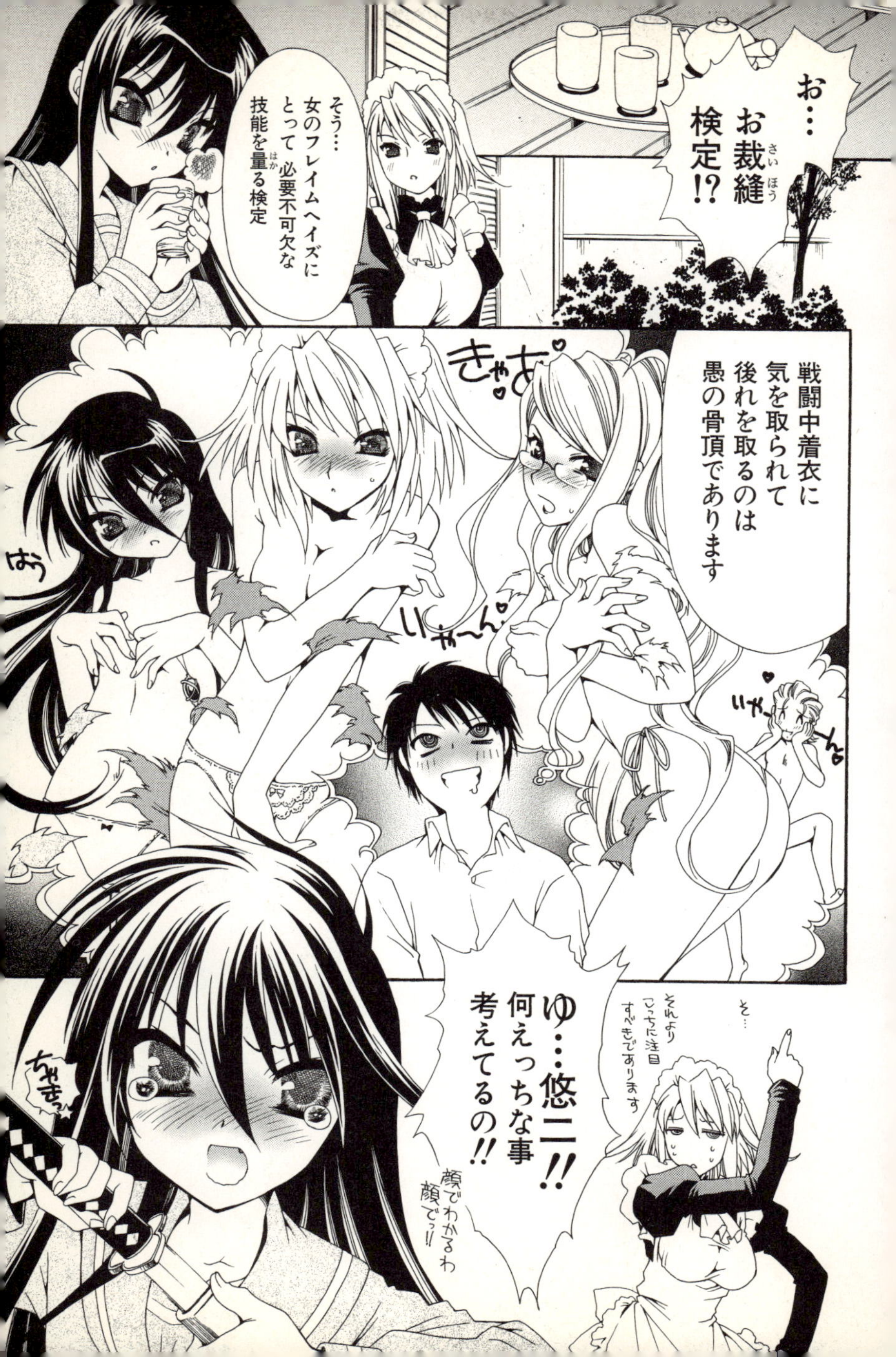

お…
お裁縫検定!?
そう…
女のフレイムヘイズに
とって 必要不可欠な
技能を量る検定
戦闘中着衣に
気を取られて
後れを取るのは
愚の骨頂であります
きゃあ♡
いや～ん♡
いや～ん♡
はう
そ…
それより
こっちに注目
すべきであります
ゆ…悠二!!
何えっちな事
考えてるの!!
顔でわかるわ
顔でっ!!
ちゃきっ☆

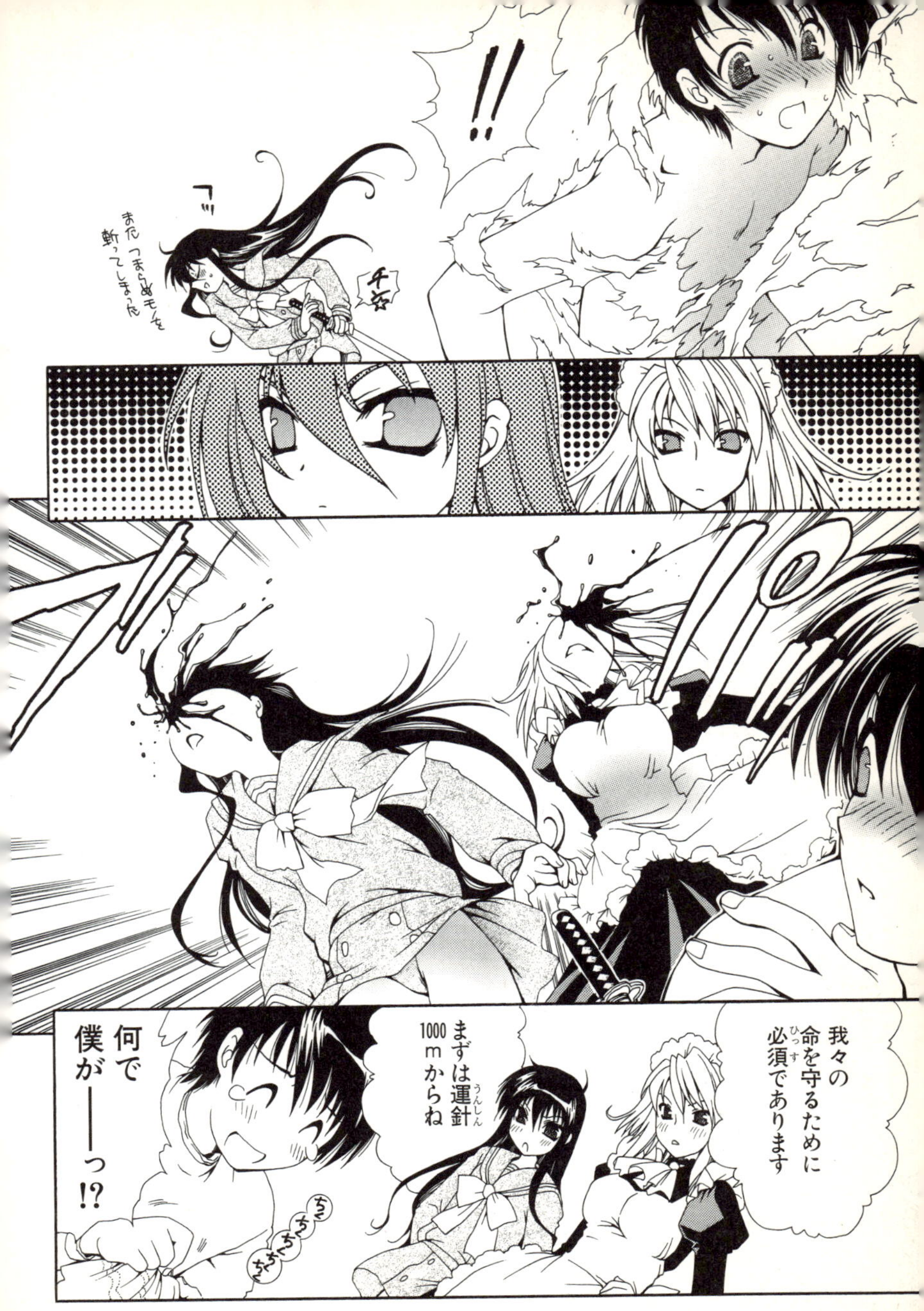
!!
またつまらぬモノを斬ってしまった
我々の命を守るために必須であります
まずは1000mから運針ね
何で僕が———っ!?
ちくちくちくちくちく

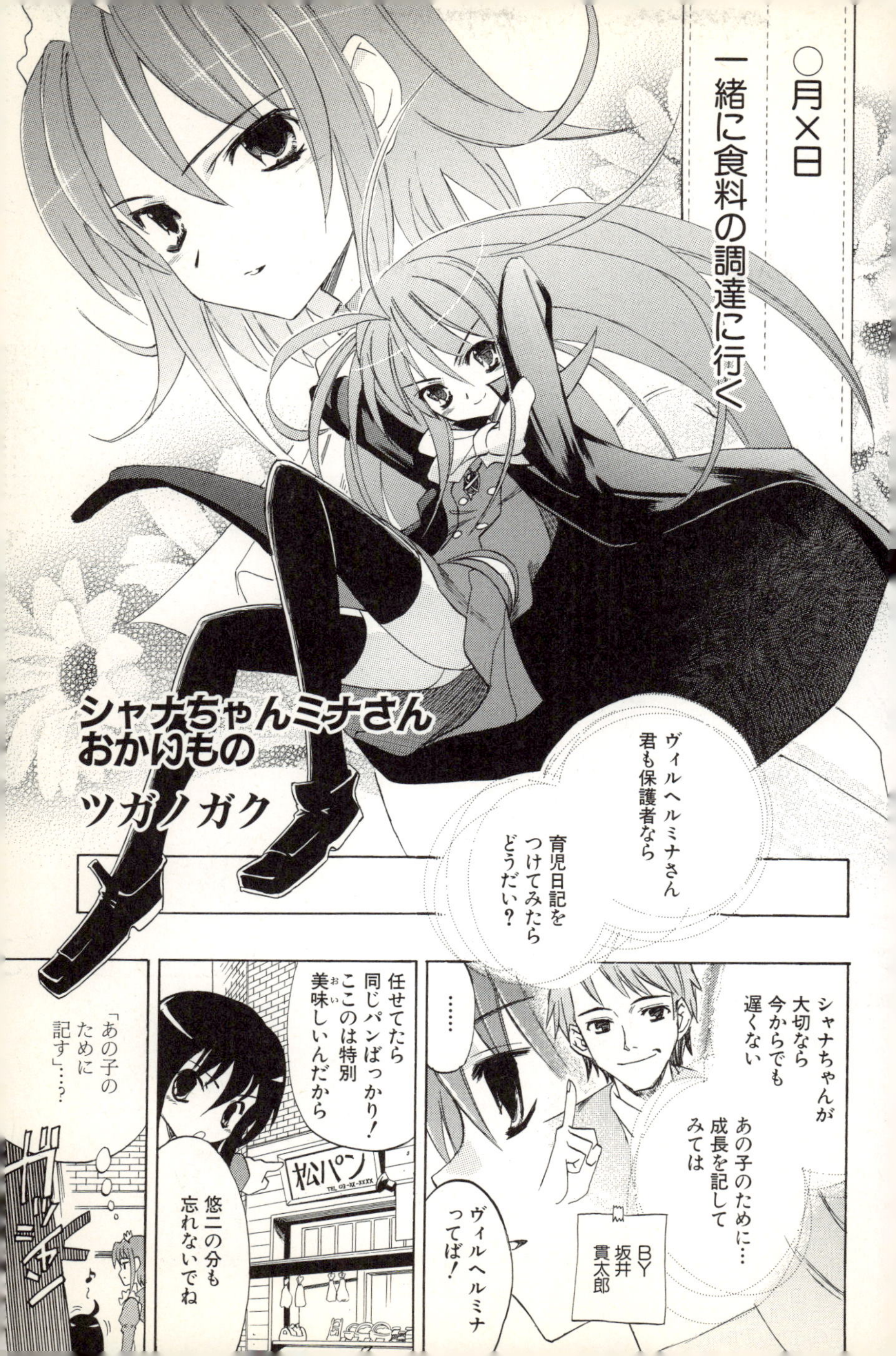
○月×日
一緒に食料の調達に行く
シャナちゃんミナさん
おかいもの
ツガノガク
ヴィルヘルミナさん 君も保護者なら
育児日記を つけてみたら どうだい？
シャナちゃんが 大切なら 今からでも 遅くない
あの子のために… 成長を記して みては
BY 坂井 貫太郎
ヴィルヘルミナ ってば！
……
任せてたら 同じパンばっかり！ ここのは特別 美味しいんだから
松パン
悠二の分も 忘れないでね
「あの子の ために 記す」…？

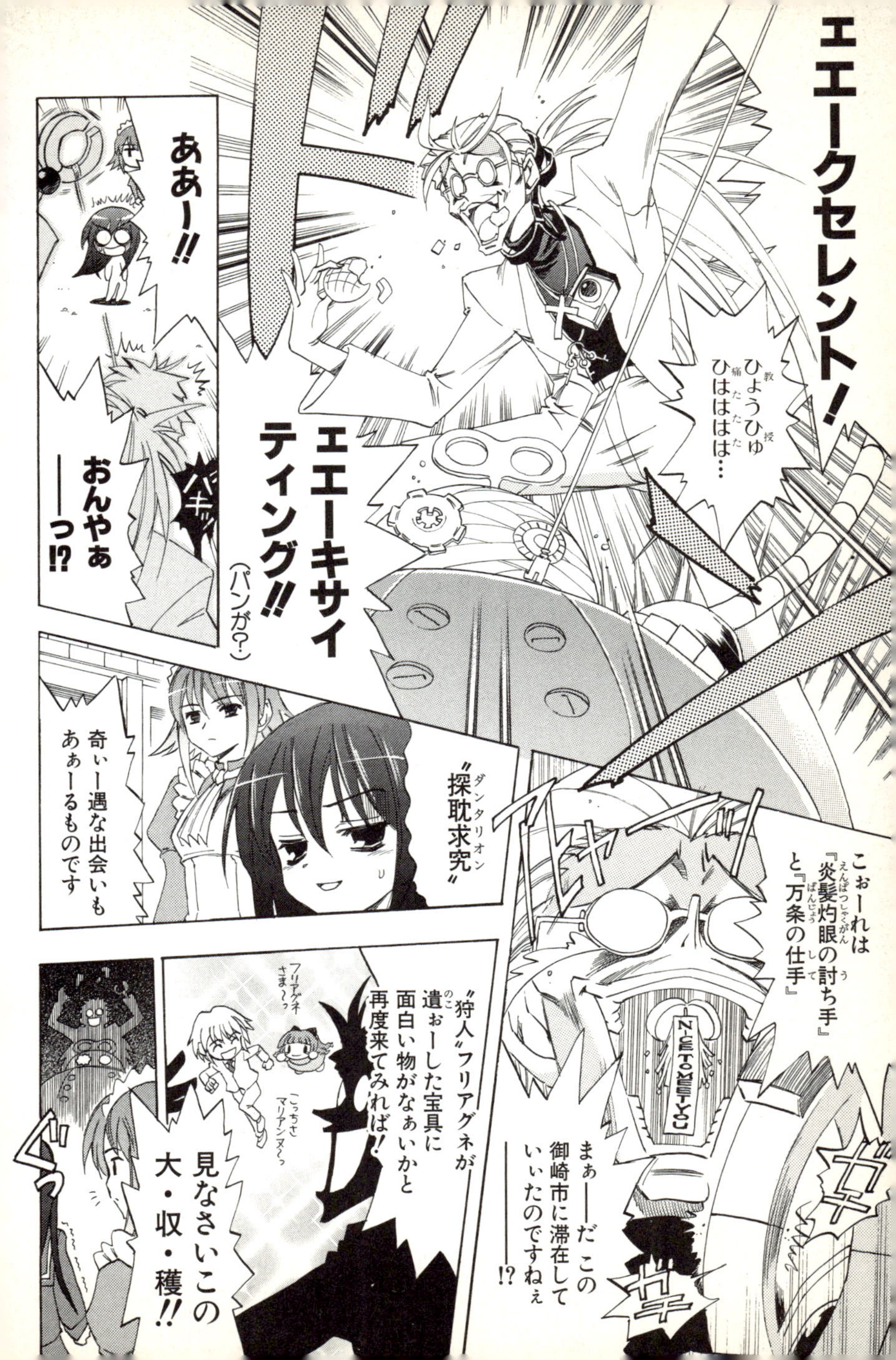
エエークセレント！
ひょうひゅひははははは…
エエーキサイティング!!
（パンが？）
ああー!!
おんやぁ——っ!?
こぉーれは『炎髪灼眼の討ち手』と『万条の仕手』
〝探耽求究〟
奇ぃー遇な出会いもあぁーるものです
NICE TO MEET YOU
まぁ——だこの御崎市に滞在していぃたのですねぇ——!?
〝狩人〟フリアグネが遺ぉーした宝具に面白い物がなぁいかと再度来てみれば!
フリアグネさま〜っ
こっちさマリアンヌ〜っ
見なさいこの大・収・穫!!
ぐっ

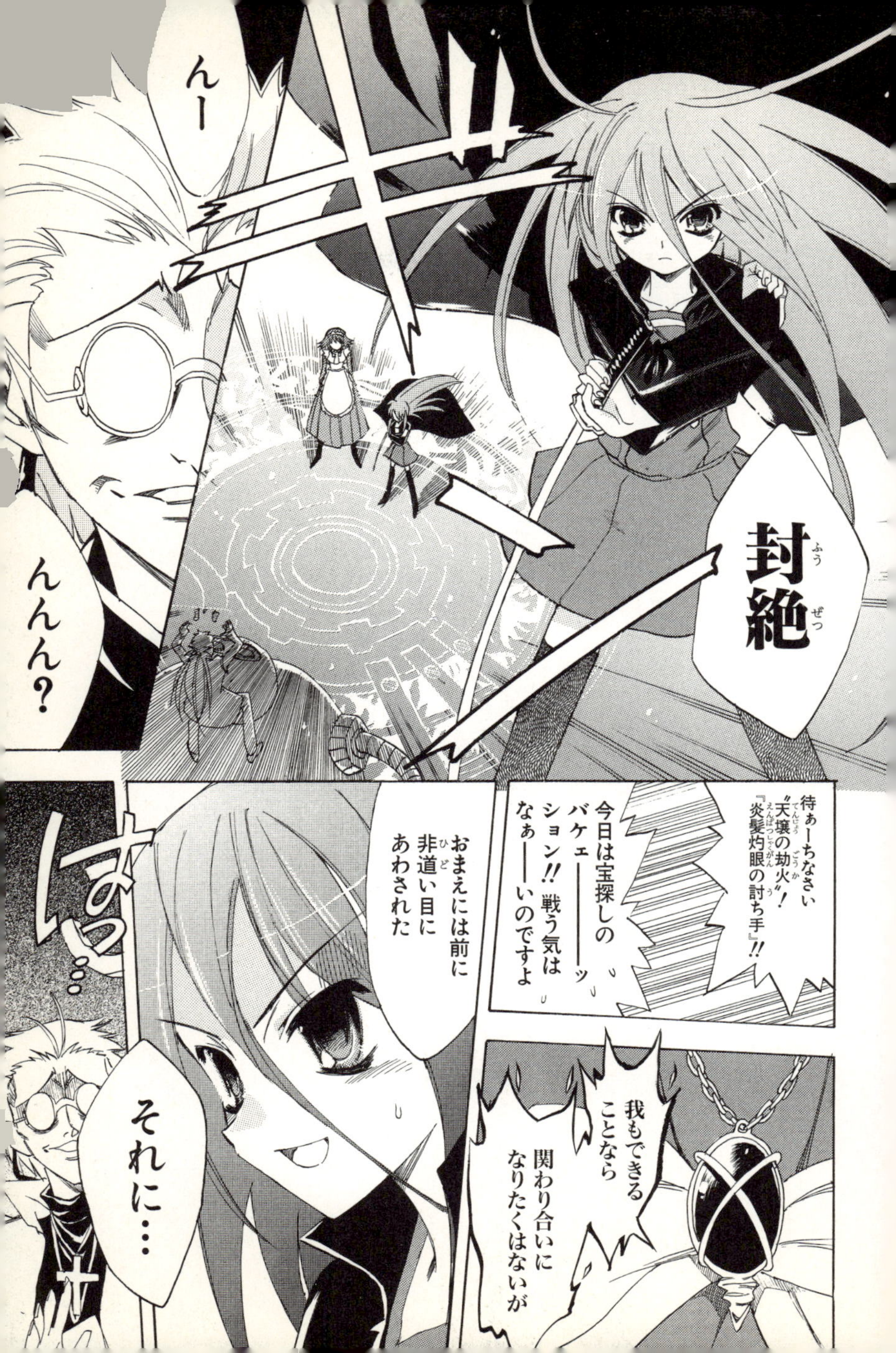
封絶
んー
んんん？
待ぁーちなさい
"天壌の劫火"！
『炎髪灼眼の討ち手』!!
今日は宝探しのバケェ――――ッション!! 戦う気はなぁ――いのですよ
おまえには前に非道い目にあわされた
我もできることなら関わり合いになりたくはないが
ほっ…
それに…

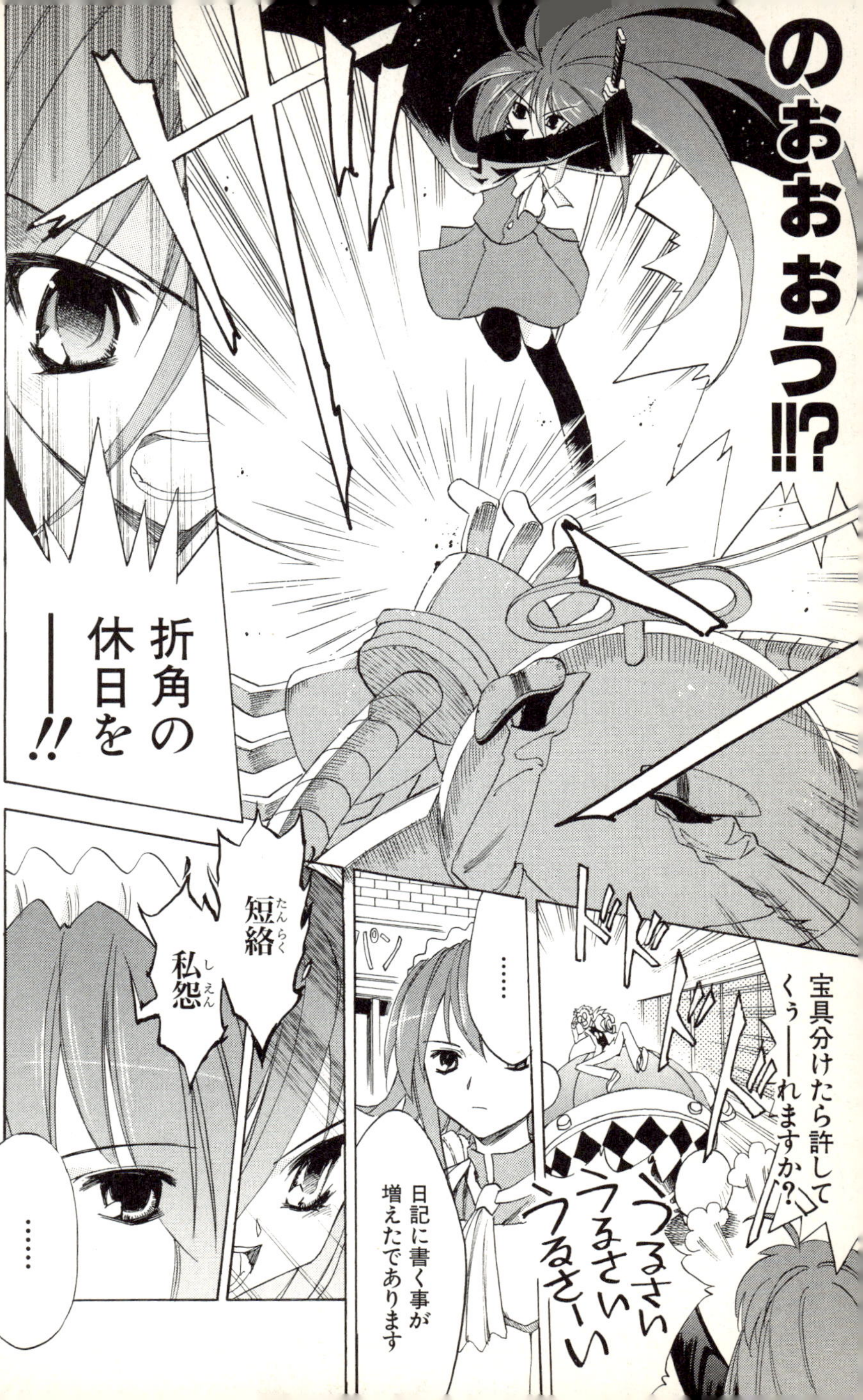
のおおおう!!?
折角の休日を――!!
宝具分けたら許してくぅ――れますか?
うるさいうるさいうるさーい
……
日記に書く事が増えたであります
短絡
私怨
……

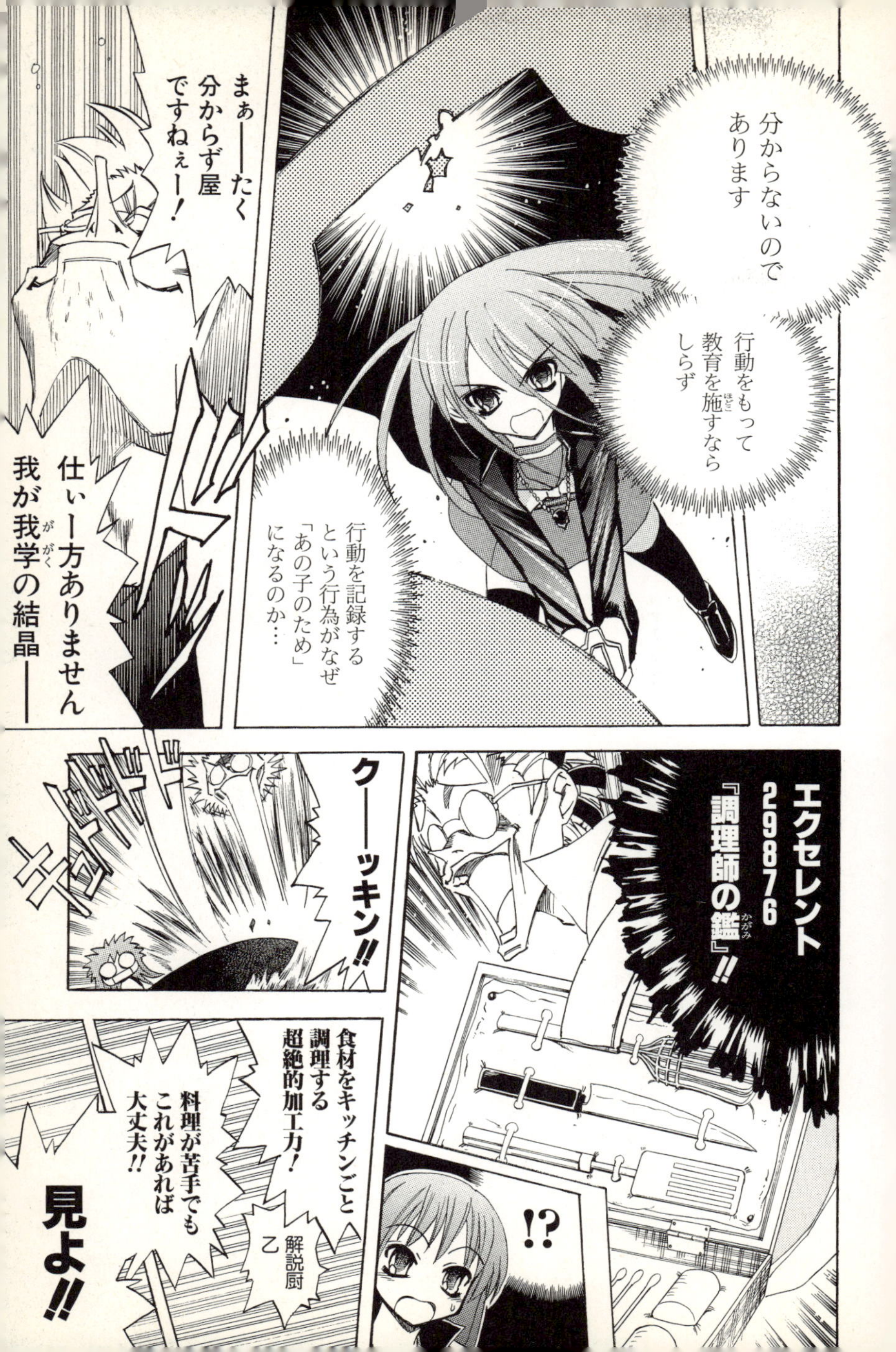
分からないのであります
行動をもって教育を施すならしらず
行動を記録するという行為がなぜ「あの子のため」になるのか…
まぁ――たく分からず屋ですねぇー！
仕ぃー方ありません
我が我学の結晶――
エクセレント29876『調理師の鑑』!!
クー――ッキン!!
!?
食材をキッチンごと調理する超絶的加工力！
料理が苦手でもこれがあれば大丈夫!!
解説厨乙
見よ!!

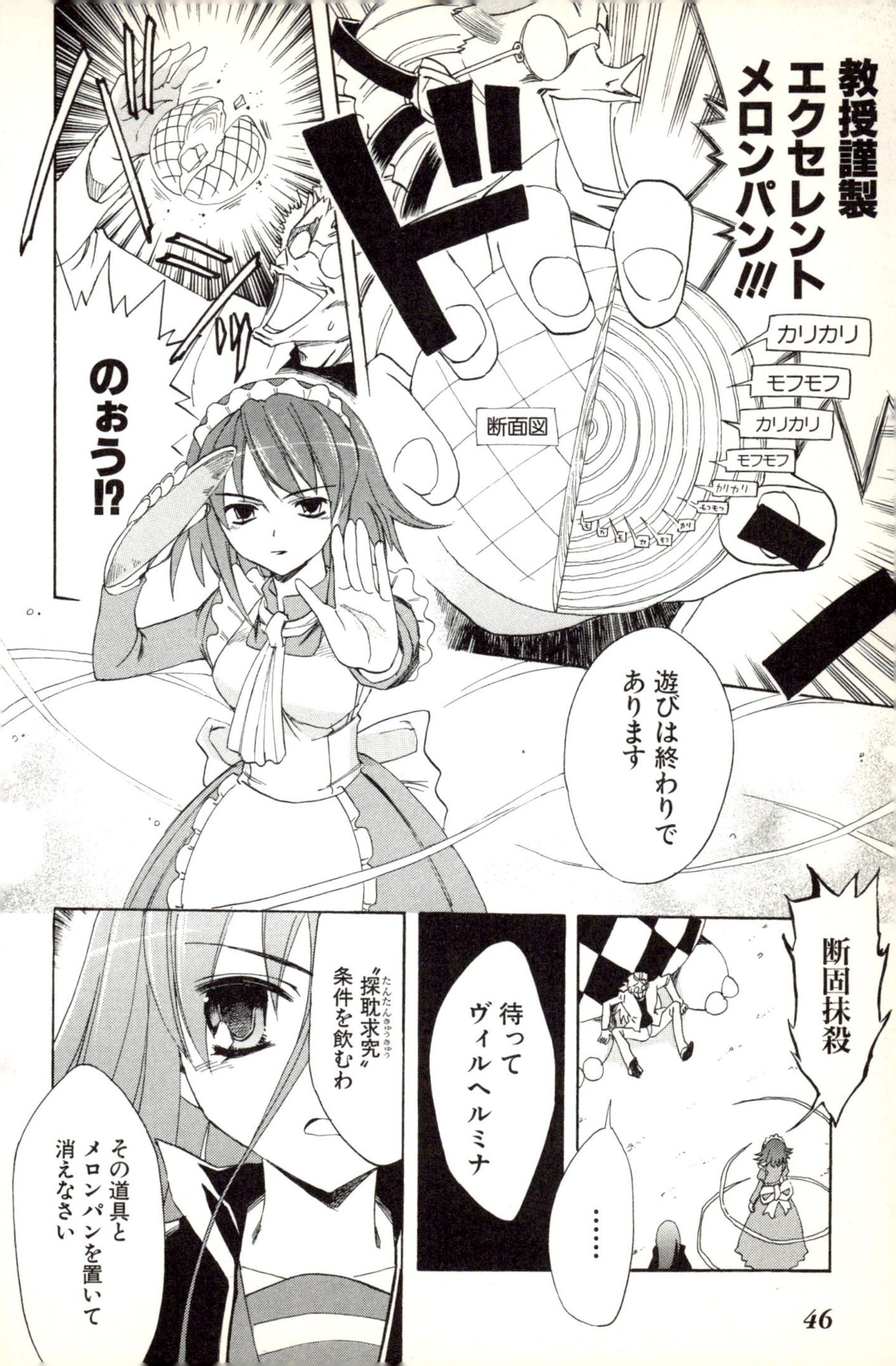

教授謹製
エクセレント
メロンパン!!!
カリカリ
モフモフ
カリカリ
モフモフ
断面図
のおう!?
遊びは終わりであります
断固抹殺
……
待って ヴィルヘルミナ
〝探耽求究〟条件を飲むわ
その道具とメロンパンを置いて消えなさい

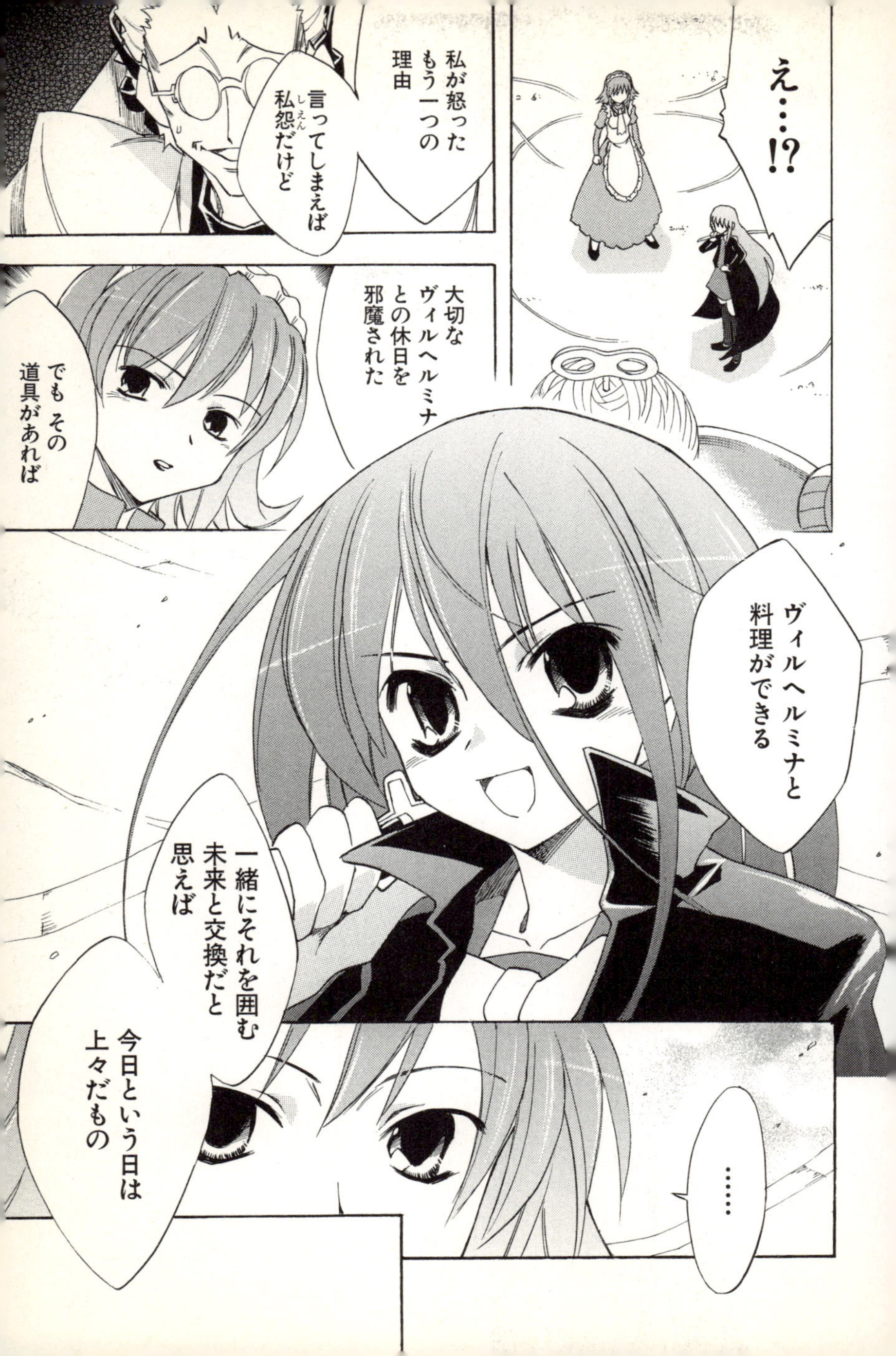
え…!?
私が怒った もう一つの 理由
言ってしまえば 私怨だけど
大切な ヴィルヘルミナ との休日を 邪魔された
でも その 道具があれば
ヴィルヘルミナと 料理ができる
一緒にそれを囲む 未来と交換だと 思えば
今日という日は 上々だもの
……

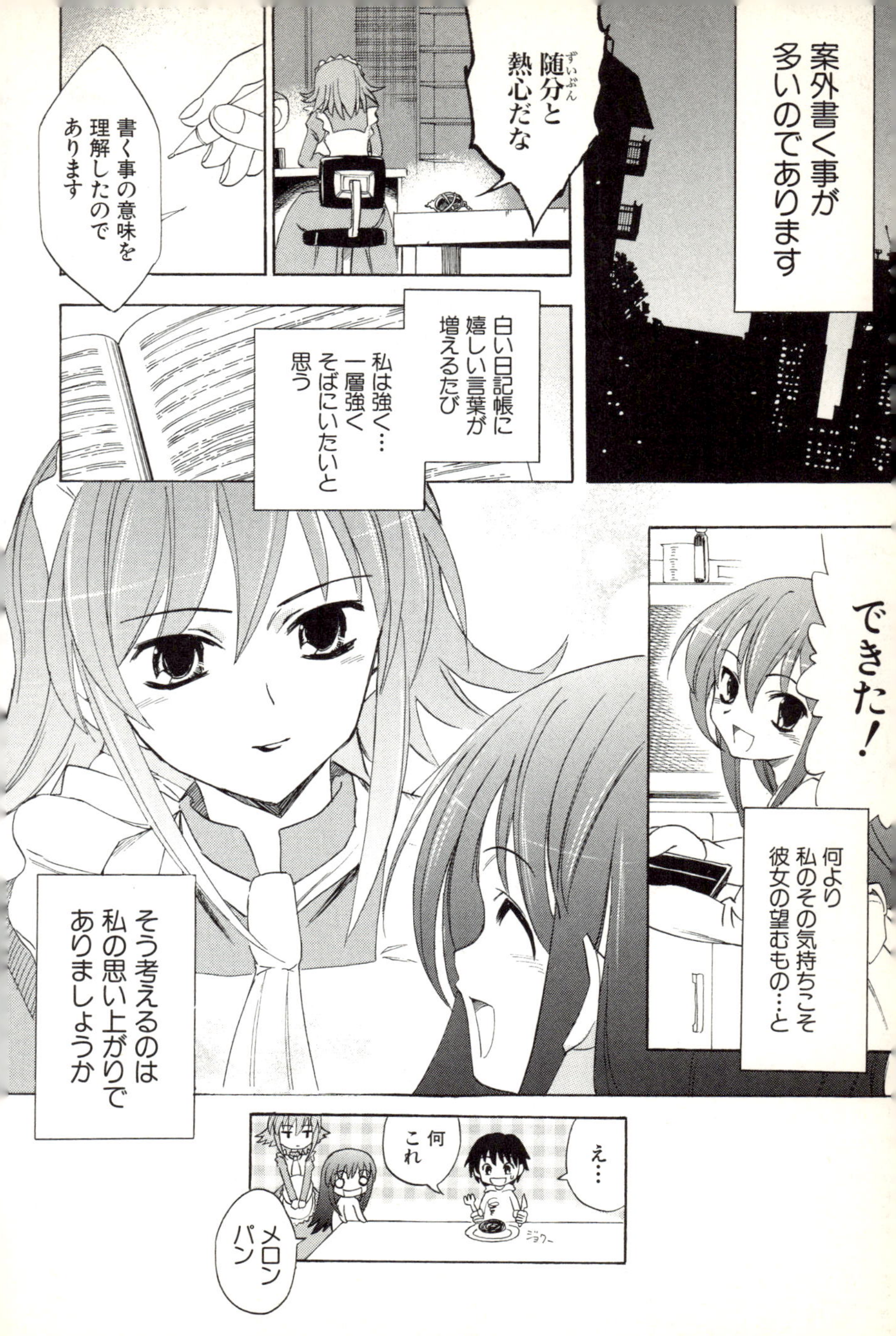
案外書く事が多いのであります
随分と熱心だな
書く事の意味を理解したのであります
白い日記帳に嬉しい言葉が増えるたび
私は強く…一層強くそばにいたいと思う
できた!
何より私のその気持ちこそ彼女の望むもの…と
そう考えるのは私の思い上がりでありましょうか
え…
何これ
メロンパン
ジョワー

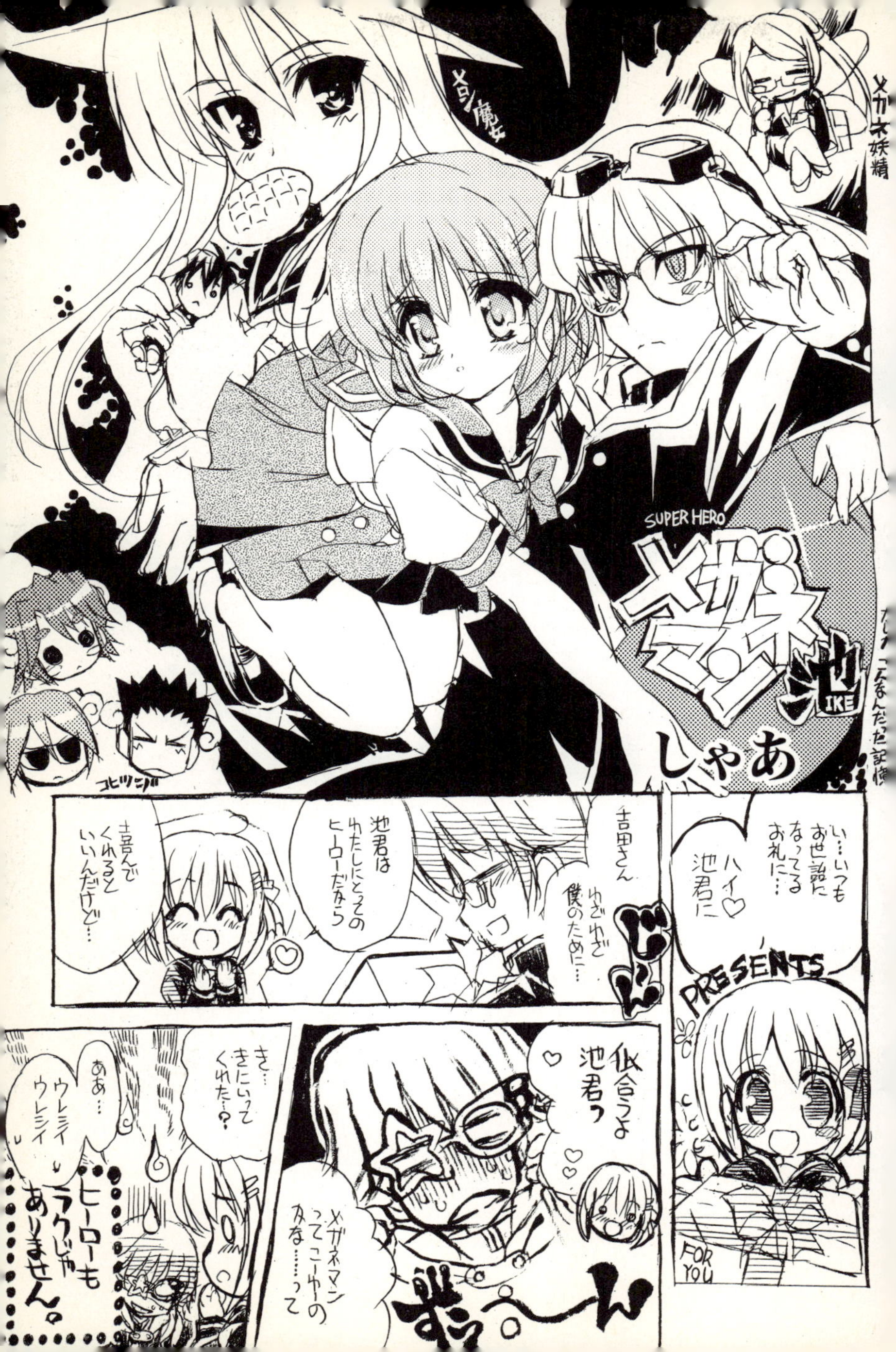
メロン魔女
メガネ妖精
SUPER HERO
メガネマン
池
IKE
しゃあ
たしか こんなんだった記憶
コヒツジ
い…いつもお世話になってるお礼に…
ハイ♡池君に
PRESENTS
FOR YOU
吉田さん わざわざ僕のために…
じ～ん
池君はわたしにとってのヒーローだから
喜んでくれるといいんだけど…
似合うよ池君っ
メガネマンってこーゆーのかな……って
ずっこ～ん
き…きにいってくれた…？
ああ…ウレシイウレシイ
ヒーローもラクじゃありません。

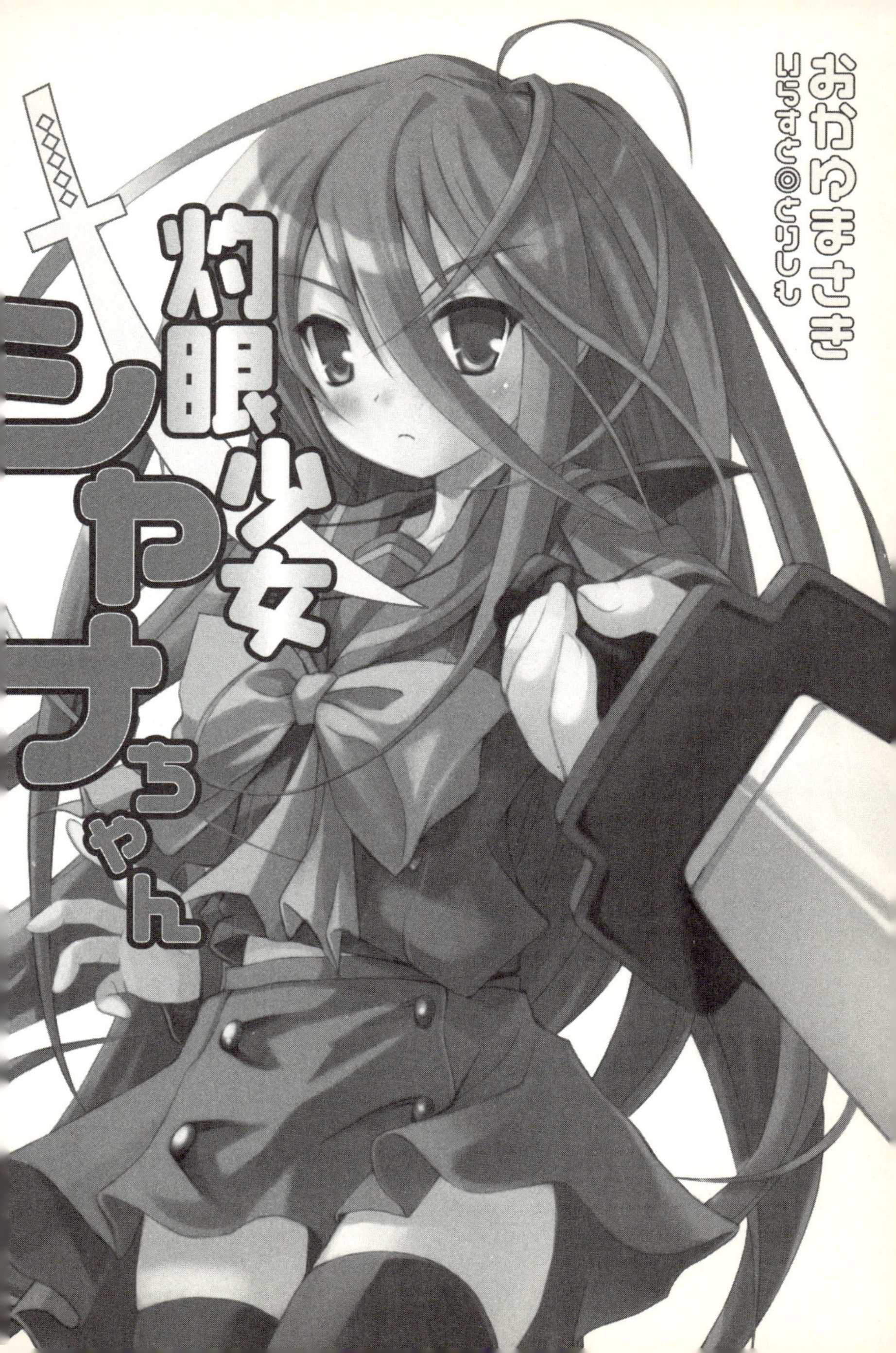
灼眼少女シャナちゃん
おかやまさき
いらすと◎とりしも

第一話　炎髪灼眼だよ！　シャナちゃん！

★0★

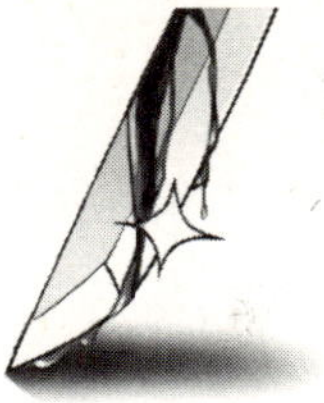

僕の名前は坂井悠二。

自慢じゃ無いですが、成績優秀にて眉目秀麗、いつのまにやら存在を食されトーチになった高校一年生です。

さあ僕を殴って！（もっと！）

そんな僕の唯一の悩みといったらこの宝具。

『零時迷子』はとってもレアな宝具だから、ちょっと前までは〝ミステス〟ながら真剣に悩んだものです。

でも、いまではそんなコトちっとも気にならなくなりました。

なぜなら僕の家に、とっても奇妙なお客さんが住み着いたからなのです。


今日も僕は自分の部屋のドアをノックしないで開けてしまいました。

ちょっと前まで僕一人の部屋だったから。

部屋の中ではちょうど僕と同じくらいの年齢の、小柄でめちゃめちゃ可愛い少女が服を着替えていました。

しかも素敵な部分がばっちり見えるアングルで。

「…………！」

「…………！」

お互いが違う理由で絶句したあと絶叫しました。

「ひゃああああああああ!!」

「うわああああああああ!!　シャナちゃんて着やせじゃなくて、もとから無――」

僕の叫びはその少女が突き出した『贄殿遮那』で中断されました。彼女が僕の側頭部をその凶器の峯でおもいっきり殴ったのです。

〈ぼぐじゅあああ!!〉という音がして飛び散る脳髄、吹き飛ぶ目玉、地肌を残したままの髪の毛が、だらり、と窓に張り付きました。

彼女はとっても恥ずかしがりやなのです。

「きゃっ……ごめんなさぁい悠二ッ！」

彼女はロリコン親父が聞いたら思わず連れて帰っ

てしまいたくなるような、そのちっちゃな体格にぴったりのくりくりした可愛らしい釘宮ヴォイスを出して、血塗れの大太刀を魔法のステッキのように振り回しました。

ぴぴるぴるぴるぴぴるぴ～♪

赤黒く、所々白い僕の肉塊は、すぐさまなにも無くなった首の上へ、自在法のキラメキをまといながら、ビデオの逆巻きみたいに戻ってきました。

「もう……斬殺しないって……今朝約束したばっかりなのに……」

僕は元通りに戻ったほっぺをなでながら言いました。

「悠二がいきなり入ってくるのがわるいんだもん！」

シャナちゃんは左手で胸元をペンダントごと隠し、『贄殿遮那』を振り上げました。

僕はバタァン！　と扉をしめました。

彼女はある日突然、〝紅世〟――この世の歩いていけない隣――から現れました。

聞いて驚く無かれ。

実は彼女、『天道宮』で育てられたフレイムヘイズ『炎髪灼眼の討ち手』なのです。

信じられませんか？　僕は未だに信じていません。

しかし証拠にほら、彼女のペンダントは神器〝コキュートス〟。（〝天壌の劫火〟アラストール）

世を忍ぶ仮の名前は平井ゆかりちゃん。

彼女が構える棘付……じゃなかった大太刀『大業物　贄殿遮那』。

殴られても絶対死なない（死ねない）不思議アイテム。

彼女のつるぺたした胸元には昇り竜をバックに「燃え尽きるまで討滅の道具」という入れ墨が。（お風呂をのぞいた時に発見）

そんな彼女は好物をメロンパンと公言してはばかりません。

なにかを勘違いしているとしか思えぬこの所業、僕の生活はおかげでぼろぼろです。

――これはちっぽけな悩みなんかぶっ飛ばしちゃうような、僕とシャナちゃんの日常を描いた愛と涙の血みどろ物語です。

★1★

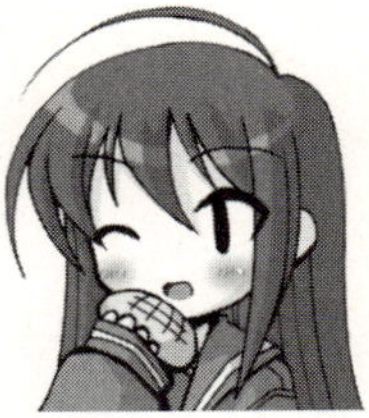

微笑むシャナちゃん

場所は日本、御崎市の某宅。まあ僕んちなんですけど。なんのへんてつもない中流家庭の一室に『炎髪灼眼の討ち手』（シャナちゃん）と〝ミステス〟の少年（僕）がいるシーンから物語は始まります。

「ねえ悠二！」

「なに」

「なにやってるの……？」

台所からは今年で幾つになるかもわからない年齢不詳の母、坂井千草が作るカレーの匂いがただよってきます。時刻は封絶が似合う夕暮れ、黄昏時。

僕は夕ご飯までに台所の隣のテレビの部屋で宿題を終わらせる予定です。

テーブルにノートとドリルを広げていると、そう言ってシャナちゃんが後ろから首に抱きついてきました。

シャナちゃんはいつも愛情表現が過激なのです。

パタパタとそのまま昇天しそうです。

そして、ここで本当なら背中に『わふうん』とか『ぽにょおおん』とか言う具合に柔らかい二つの膨らみがくっついてくるハズなのですが、けれど後頭部に当たる感触はまるで友達の男子みたいな胸板ぐぁああああぁぁぁ！

「うるさいうるさいうるさいうるさああああいっ！」

「にぎぃええええええゑゑゑゑゑゑゑゑゑゑゑゑッ！　シャナちゃん！　首を絞めないで！　喉仏を押さないで死ぬから死ぬからお母さんお母さんお母さん僕シャナちゃんに絞殺されてる！」

シャナちゃんはいつも愛情表現が過激なのです。パタパタとそのまま昇天しそうです。

「どうしていっつも悠二は宿題するの！」

「は……？」

「私がいるのに」

シャナちゃんは喉から手を離し、意味不明のセリフを吐きながらキラキラした涙目で僕を睨みます。

「ど、どういうコト？　シャナちゃん」

僕は鏡で首にできたズキズキする絞痕を確かめながら尋ねます。

「私、悠二のところに来るまで『天道宮』でたくさん勉強したんだよ?」

「え、というコトはシャナちゃんが宿題を代わりにやってくれるの?」

「ちがうよ馬鹿トーチ!」

〈ぴっっ〉という擦過音が僕の頭のすぐ横でしました。ツツーっと頬から血が流れます。

シャナちゃんは討滅宝具、『贄殿遮那』を水平突きしてきたのです。とっさに首を横に倒さなかったら、僕は真っ赤に咲くところでした。

「資料によると悠二はいつも宿題を忘れて廊下に立たされて、0点ばっかりのはずなのに!」

「ええ!? 僕は0点なんか一回も取ったコトないよ!」

「ほらこれ!」

シャナちゃんは『贄殿遮那』を振り回し、〝存在の力〟で僕の目の前にどさどさと電撃文庫を呼び出しました。

「これにはそう書いてあるもん! おしかけられた男の子は決まってダメなはず!」

「ダメなはずって言われても……それは小説の世界のお話だよシャナちゃん! たしかにいきなり別世界から女の子が来るお話って、なぜか主人公の男の子は全然さえないヤツが多いかもしれない……」

「うんうん! そうでしょそうでしょ! だから悠二も早くいっしょに遊ぼうよ!! 二人でばぬきとかしりとりしようよ!」

「やだよ! なんでそんな二人じゃ盛り上がらないものばかりを!」

「えええ〜ッ? じゃあ、『うこばく』」

「うこばく、くー、くー……って、しりとりはイヤだって言ってるでしょシャナちゃん! それにこれは現実の世界なんだよ!? 漫画とか小説の世界とは違うんだよ!」

「じゃあどうしろっつうんだよ!」

「いきなり逆ギレしないでよシャナちゃん! ちょっと待って『贄殿遮那』で八双の構えしないで! お願いだから空想と現実を一緒にしないでっていつも言ってるでしょぉぉぉ!!」

「ほむぅぅううう……!」

「ほっぺたなんか膨らましたってダメだからね」

「いやだよつまんないよぉぉぉ、宿題なんていいから遊ぼうよぉぉぉぉ悠二ぃぃ!」

そう言ってぱたりとシャナちゃんは床の上に倒れて、両腕両足を投げ出しました。

「だあもう!! シャナちゃん寝ころばないで!! パン

ツ丸見えになってるから気になって宿題もできないから！」

「ん……なんで？」

きょとん、とシャナちゃんは上半身を起こします。

「え……」

急に返答に困る僕です。

僕だって高校一年生の健全な男の子です。

頭の中は一日中、女の子のハダカが乱舞している、三秒に一度はＨなコトを考えている思春期まっただ中のどこにでもいる普通の男の子です。

降ってわいたように現れた美少女と同じ家で毎朝鍛錬で汗をかいている身としては（彼女は何故かシャワーを浴びて帰るのですが）たまらないものがあります。

そしてこういうシャナちゃんのパンツ丸見えみたいなコトは日常チャメシゴトなのです。

彼女が来てからと言うもの、僕の生活は水面下で大変なコトになっているのです。でもそんなコトはシャナちゃんは知らないのです。この汚れきったリビドーまみれの心を全部説明するのに僕の小さいロンリー純情ハートはたえられません。

「…………………」

僕は真っ赤になってうつむきます。

しかし困ったことに、シャナちゃんはなにかを思いついたらしく、

「そうなんだ……悠二はこうすると、宿題できないんだ……」

などと言い始めて、そのワンピース（お母さんのコーディネート）をそろそろと引き上げていきます。

ふ……ぶぅあああああああ！

「シャナちゃん……（ごくり）やめなよ……！」

「えええ～……」

そろりそろり……と、ワンピースはめくれ上がり、シャナちゃんの小さく盧舎那仏のプリントのはいったパンツはもちろん丸見え。そして可愛らしいおへそが見え、びっくりするぐらい細い腰があらわになり、その起伏は乏しくも美しい曲線を描くなめらかな肋骨が下から一つ一つ……

は・ぁ・ぁ・あ・あ・ぁぁぁああぁ…………ぁぁぁあああああッッ!!

なぜかさっきまでニコニコしていたシャナちゃんの顔がセツナイ甘えたような表情になっていきます。

僕の頭の上ではちっちゃくディフォルメ化した

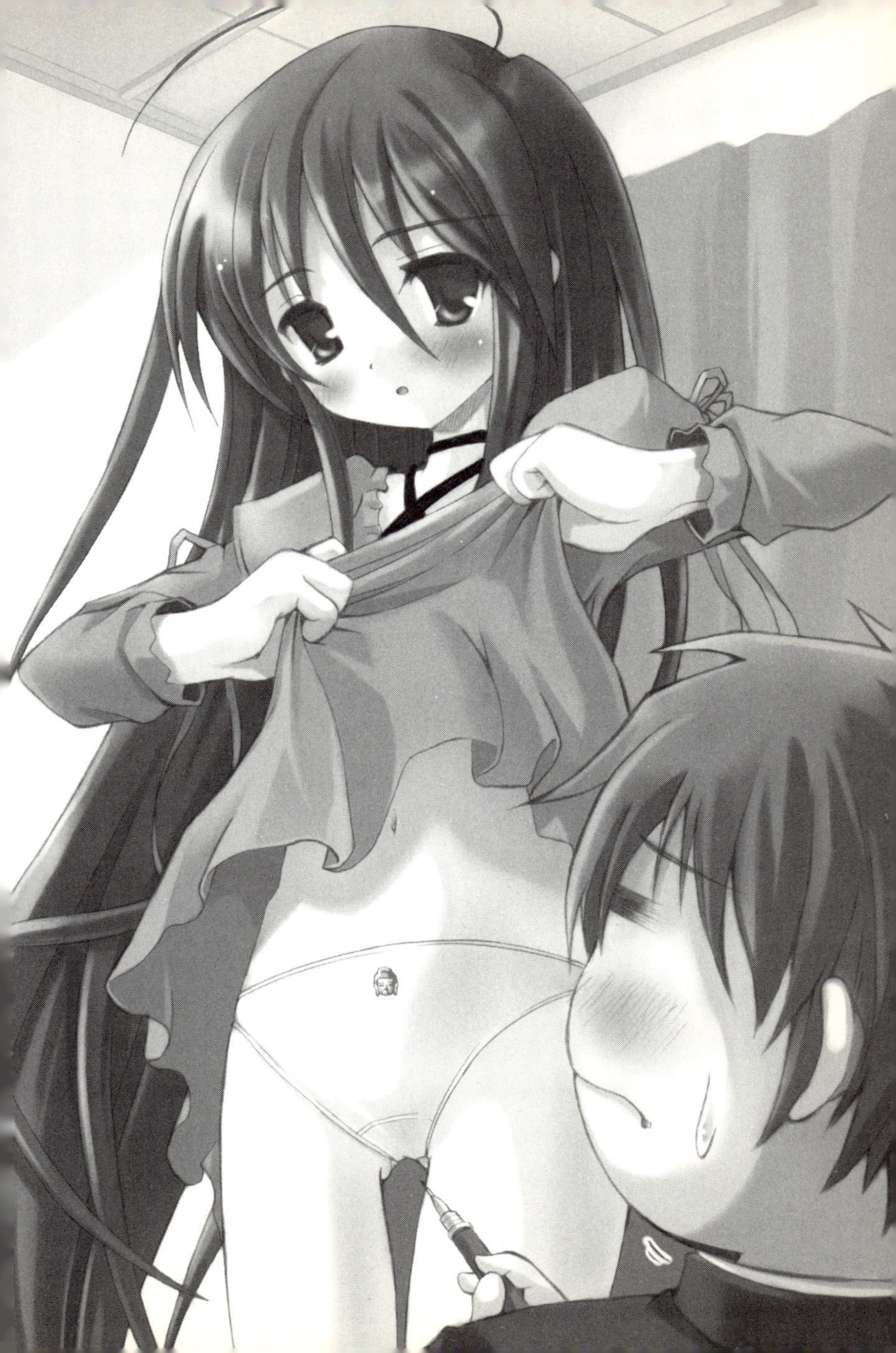

「見てはいけない！」と叫ぶ『理性の担い手』と「もっとよく見て……」という『誘惑の絡め手』（もちろんシャナちゃん）が、ぱたぱたと回転。

そしてシャナちゃんが隣を飛んでいる『理性の担い手』に気が付き、砂目つぶしで奇襲して『贄殿遮那』を振りかぶった時でした。

「ただいまー」

お父さんが帰って来たのです！　単身赴任中なのに!?

父、貫太郎（同じく年齢不詳）はすぐにこのテレビの部屋に来るでしょう。

もしそうなったら……、

それは深夜のエッチなテレビ番組を見ている所を両親に見つかるより酷い事件です。

僕はたまらずに叫びました。

「わかったぁぁぁあ!!　宿題もうしないから！　忘れるからシャナちゃんもやめて！」

「やったぁ……！」

ぱさぁぁっとシャナちゃんのワンピースが元に戻ったのと、お父さんがドアを開けたのはほぼ同時でした。

「ただいま悠二、おや、宿題をしていたのか、偉いぞ」

「おかえりなさい、おじさま」

「ただいま、シャナちゃん。しっかり悠二の宿題をみてあげてね」

「は～い！」

シャナちゃんの自在法により（現れた札束を見たとたんに）お父さんとお母さんは魔法にかかったように、家族の一員としてすんなりシャナちゃんを受け入れてしまっているのです。

ちなみに今はシャナちゃんは僕のクラスメイトのトーチに割りこみ、その子を一時的に預かっているという設定になっています。その前は再婚した母方に付いてきた子供という割りこみ方でしたが、それはあまりにも世界のバランスを崩すのでやめさせました。

「じゃあほらそんなもの片づけてメロンパンでも食べようよ！」

にこにこ顔のシャナちゃんはノートとドリルをけっ飛ばし僕の隣に座ってカリカリでモフモフなきつね色の物体を差し出しました。

……このままでは……このままでは……僕はシャナちゃんに……だめ人間にされてしまう！

つづく！

★この続きは『灼眼少女シャナちゃん①巻』にて！★
――でも、これを読んでいるみんなには、特別にちょっとだけ続きをご紹介なのだ！

ダイジェスト オブ
『灼眼少女シャナちゃん①巻』そのいち
〈直前までのあらすじ：学校にやって来たシャナちゃんと悠二。転校生としてクラスに君臨したシャナちゃんの目を逃れ、ついに悠二は昼休み、図書準備室で片想いの吉田さんと二人っきりになるコトに成功する！〉

「シャナちゃんはある日いきなり僕の引き出しから、信じられる？　引き出しから出てきたんだよ」

吉田さんは今朝からのコトを思い出しながら目を細めました。

「よりによってフレイムヘイズだもんね。勝ち目、無いかも……」

「はい？」

「ううん、なんでもないです。それより平気なんですか？　あの娘を一人にしておいて」

「これぐらい平気だよ。いくら僕でも四六時中は勘弁してほしいよ」


僕は笑いながらちらりと吉田さんの様子を伺いました。涼しげな表情。でも、少しだけはにかんだように微笑む、いつもの吉田さんです。

そして人気の無い明るい清らかな図書準備室に二人きり。

はっきり言って、ボ、ボーイズビー！

「ねえ、吉田さん……」

「な、なんですか？　坂井くん」

縮まる二人の距離。見つめ合う瞳。

「ずっと、僕は――」

その時でした。

『ガピッツ……ザッキィイッィイイィン……！　ザ…ザザ……悠二、どこー？　今やトーチ、存在亡き者の坂井悠二ー』

「えええええっ!?」

耳をつんざく校内スピーカー、シャナちゃんの声でした。

『早く来ないと悠二が特殊な〝ミステス〟だって全校生徒にばらしちゃうよー』

「もう言ってるよーッ!!　あ、あの『炎髪灼眼の討ち手』めぇぇぇぇぇ……！　くうおおおおおおおおおぉおおおぇぇぇ!!」

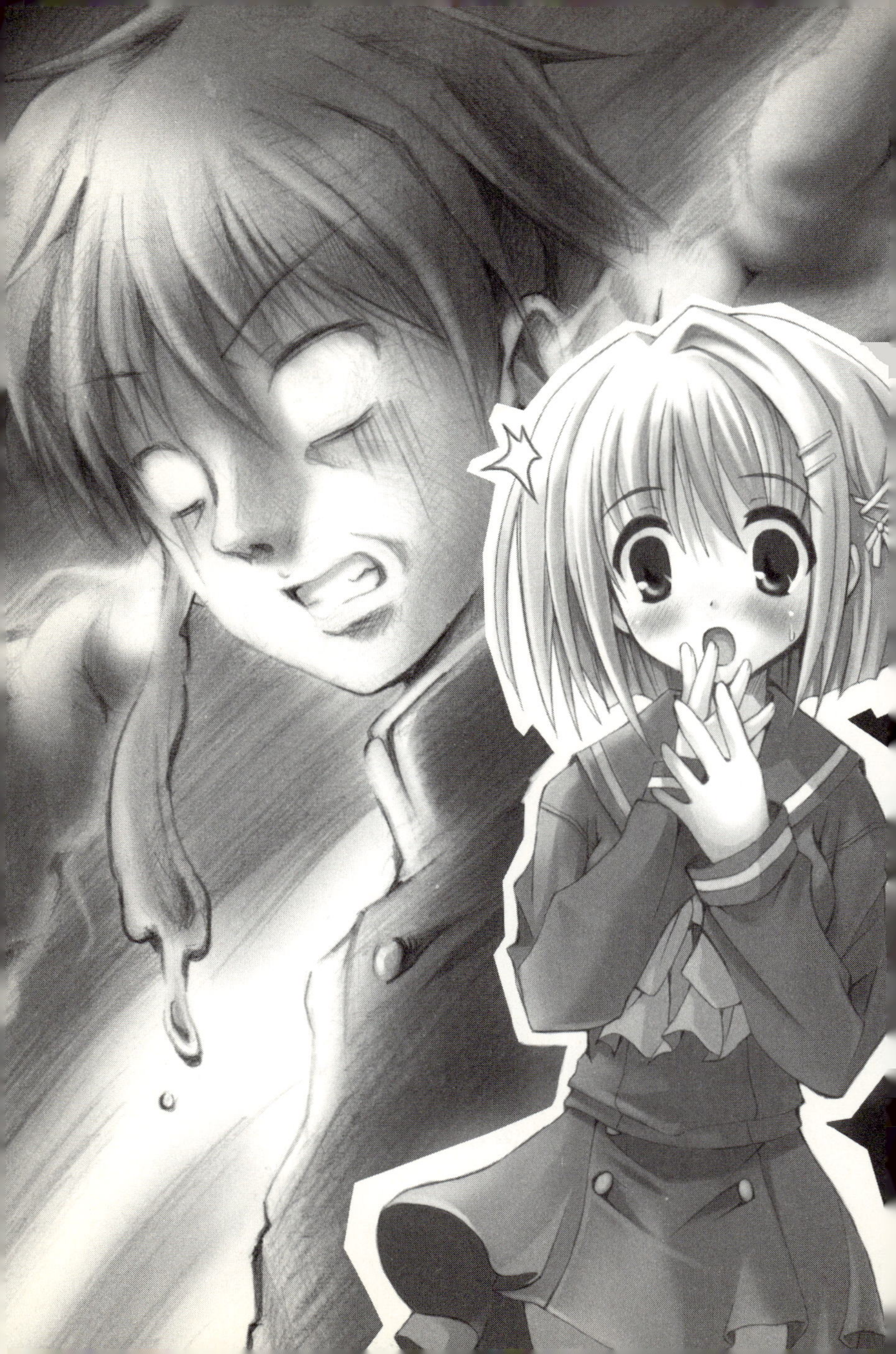

「あああ！　坂井くんの両耳から紫色のどろどろした〝存在の力〟が流れ出してます！」

「吉田さん！」

　びくっと吉田さんは肩を震わせました。

「耳をふさいでここで待ってて」

「は……はい」

　必死に首を縦に振る吉田さん。だって坂井くんの耳から今度は真っ黒な煙が吹き出し始めたから。

ダイジェスト　オブ
『灼眼少女シャナちゃん①巻』そのに
〈直前までのあらすじ：シャナちゃんと悠二の目の前に突如現れた『万条の仕手』ヴィルヘルミナちゃん。彼女は学校の廊下の壁に、とある映像を浮かび上がらせる！〉

「あああ……」

　シャナちゃんはその映像を見て目を伏せました。

　それは街中の映像でした。しかし、なぜか小学校高学年くらいの可愛らしい女の子が多く映って……。

「これは未来の世界の映像。不老不死の自在法がついに完成してしまった世界の姿であります」

「不老不死!?」

「そして、その自在法を偶然にも発見してしまうのが……」

　ヴィルヘルミナちゃんが僕を見ます。

「ぼ……僕なの……!?」

　ぽふっと、僕の手になにかが当たりました。

「悠二……」

　シャナちゃんが僕の手を握って来たのです。

「私達フレイムヘイズは、世界のバランスを乱す者を許さない。それが討滅の道具たる私の宿命……」

「た、確かに不老不死って著しく世界のバランスを乱すかも知れないけど――」

「しかし、問題はそこではないのであります」

「へっ？」

「不老不死は副産物。坂井悠二、あなたは未来の世界において『全人類の女性を特殊な〝ミステス〟にすることで年齢を十二歳に固定』してしまい、『世界に歪みをもたらす』のであります」

「ちょ、ちょっと……待ってよ!!」

「ロリコン（佐藤）」「ロリコンだ（田中）」「やっぱりな……（池）」「こんなコトだろうとは思ってたんだけどね（緒方）」「やっぱり坂井くんてロリコンだ

ったんだ（転校して来た南さん）」「ああ、やっぱり（中村さん）」「俺たちは坂井のコトをまだ見くびっていたな。まさかここまでするとは……（笹元）」

「ああああ……」がっくりと膝をつくシャナちゃん。

「言っちゃった」

「へえええええええ……!? ぼ、僕はそんなコトしないよおおおお!! それに考えてもみてよ！ 僕がそんなすごい自在法を使えるわけが――」

「ねえ、坂井くん。〝ミステス〟たる坂井くんの中にある宝具はなに？」

吉田さんが聞いてきます。

「……『零時迷子』だけど」

『うわああああああ、やっぱりだあああ!!』

打ちひしがれるクラスメイト達。

「なんでだよ！ ぜんぜん関係ないよ!! 『零時迷子』は別に零時に迷子になっている十二歳の少女をどうこうしようっていう宝具じゃないよ！ っていうかなんで吉田さんは現時点で僕が〝ミステス〟って知って……って、あ、さっきの校内放送!? カムシンくんの出番が少なくなっちゃった！」

ダイジェスト　オブ
『灼眼少女シャナちゃん①巻』そのさん
〈直前までのあらすじ：ついにラストバトル！ 岩石採掘場にやってきたシャナちゃんと悠二は、近代では五指に入る強大な〝王〟と対峙する！ その名は――〉

「〝真ピンク鬣〟ザンスと申しあげると言っておくザンス！ ついにここでミィの登場ザンスよッ!? 高橋弥七郎先生曰く、『ザンスは実は桜くんを狙って次々とやってくる刺客天使を人知れず屠り続けている凄腕の天使』らしいんザンス!! ミィってすごーい!!」

「うるさいうるさいうるさいマジうるさい！（シャナ）」

「気をつけろ。見ためにだまされるな（アラストール）」

「いいコト言うザンス〝紅世の王〟アラストール！ さすが天罰神！『A／Bエクストリーム』シリーズの続きも待ち遠しいザンス～!!」

〈かつて無い強敵を前にシャナちゃんと悠二、そして〝真ピンク鬣〟ザンスはどうなってしまうのか!?〉


おしまい！

灼眼のシャナ
“討滅の獄”

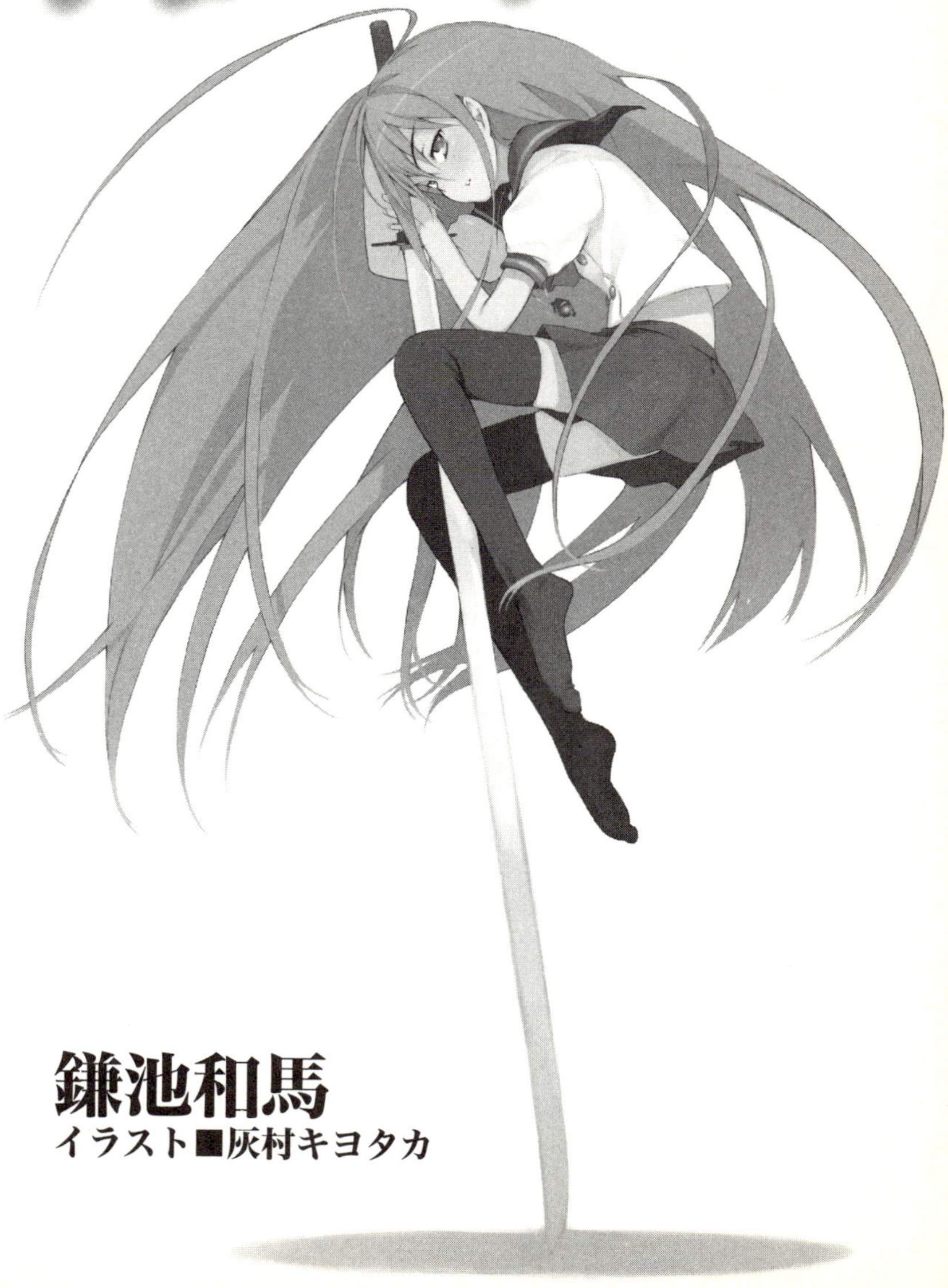

鎌池和馬
イラスト■灰村キヨタカ

そのフレイムヘイズの男は、深夜の街を走っていた。

街といってもそこは工事現場が集中する所であり、周囲に人気はない。そもそも、因果孤立空間『封絶』が展開されているため、人の目を気にする必要もないのだが。

フレイムヘイズの名は『末路の語り手』シュルス・レルリスという。

そして。

この封絶は、彼が張ったものではなかった。

「くそ……ッ!!」

悪態と共に、フレイムヘイズは走る。封絶の外へ向かって、つまりは逃げるために。『敵』の足音は遠すぎず近すぎず、微細な方角を読み取って進路を変更し、巧みにレルリスの逃走経路を誘導していく。

常における彼の行動とはかけ離れていた。

シュルス・レルリスは言葉を必要としないフレイムヘイズだ。敵と分かれば討つ。敵ではないと分かれば自在法を止める。それだけの討滅者であり、優れた自在師である。単純だが、逆に言えば単純だけで世の中を渡り行ける程度の実力は有しているという話だ。

しかし。

(ちくしょう、まるで安い酒を無理矢理呑まされたみてえな気分だ!!)

走りながら、心の中で吐く。

フレイムヘイズの力の源は、契約しその体内に封入した〝紅世の王〟と、その〝王〟の持つ〝存在の力〟である。が、現在は何故か身の内の力が何かの拍子に外へこぼれそうだった。まるで馬鹿笑いを胸の中で必死に抑えているようで、まともに自在法を扱うどころか基本中の基本である〝存在の力〟を使った身体機能の増強すら行えない。下手に体内の〝存在の力〟に触れれば、それだけで爆発すると本能が警戒している。

彼らが走り続けているのは御崎市のギリギリ外側、大戸の端だった。あるいはあと少しだけ御崎市に近づけば、他のフレイムヘイズ達の感知が届いたかもしれないが、『敵』はそれを許さない。まるで見えないラインの縁をなぞるように、彼らの感知からほんのわずかに外れた地点で、シュルス・レルリスを追い詰めていく。

逃げる彼の視線の先に、封絶の端が見えた。

（どうなってんだ……？）

唾でベタベタになった口の中の感触に嫌悪感を覚えつつ、彼の思考が焼けていく。

（『大戦』そのものには参加してないとはいえ、その後の混乱を鎮める時には数多くの功績をあげたこの自在師の手が、全く通用しねえ？　それが！　数十の〝徒〟を討滅したこの自在式で、何で傷の一つもつけられねえ!?）

背後に迫るのは、まっとうな生物なら例外なく持つだろう死の恐怖。しかしその死以上に、フレイムヘイズとして最も奥深く、全ての中心核となるべき使命感を志半ばで失われるかもしれない事がよりレルリスの心を炙っていく。

シュルス・レルリス。

彼はフレイムヘイズの中でも典型的な、煮える復讐心を糧とする討滅者である。

（待てよ。まだだ。まだなんだよ！　分かってんだろちくしょう!!　あのクソ野郎に一撃返すまでは消される訳にはいかねえんだ!!　俺は〝壊刃〟の、あの茜色の処刑人の首を落とすための討滅の道具だろォがよォオッ!!）

だが。


そんなフレイムヘイズの願いは叶わなかった。

ゾン!!　という、肉を裂く音が響く。

「あ……？」

シュルス・レルリスの足が止まる。

腹に向かって、レルリスの背中を灼熱の感覚が貫いた。背中から五本に束ねた刃が突き抜ける。長さは七十センチ程度。剣にも見えるが、違う。それは五指に対応した鉄の爪だ。一ヶ所に集中した爪は、互いを打ち鳴らすようにカチカチと音を立てる。そのたびに、体の中を震えるような感触が伝わってくる。ゴリゴリと、内側から嫌な音を聞く。

自分の体を貫く血まみれの爪を、彼はキョトンとした目で眺める。

痛みは麻痺していた。

もはやまともな感覚を得る事すら許されぬまま、ずるずると鉄爪が背中側に引き抜かれていく。それと同時に、レルリスは体の中から、彼の軸を形成しているものが奪われていく悪寒に震える。体の内側に収まっているはずの、フレイムヘイズとして契約した王〝筆記の恩恵〟ペネムエ。彼の気配が、腕の動きと共にごっそりと消失していく。

「ご、が……」

その鈍く輝く鉄爪が体を開き、中身を取り出す。まるで『旅する宝の蔵』から宝具を取り出すような、無造作な動きだった。

そして。

『敵』の鉄爪が完全に引き抜かれた直後、シュルス・レルリスの口から鼻から目から耳から胸に空いた風穴から、とにかく体の内から外へ莫大な炎が噴き出した。あまりの爆発力に、彼の体が花のようにバカンと四方へ開く。

フレイムヘイズ殺しと謳われる宝具『トリガーハッピー』を撃たれた時にも似た状態だが、あの宝具は御崎市で消滅したと外界宿で情報を得ている。ならばこの攻撃は一体何なのか。

さらに、それ以上に何よりも気になるのは、

「何故なんだ……」

血と肉と炎が織り成す壮絶な巨大花と化した彼は、最後に一つだけ叫んだ。

存在が消滅し、世界の誰からも認識されなくなる、まさにその一歩手前で。

「……何故俺に刃を向ける、フレイムヘイズ!!」


放たれた言葉に対する返答はなく。

その直後、彼は世界の誰からも識別されなくなった。


日曜日のポカポカした日差しが差し込む坂井家の居間には、一つのテーブルがある。

椅子に座って使用する事を前提とした、少し足の長いテーブルだ。形は長方形で、家庭で使うためのものだからか、そこそこ大きかった。坂井家は三人家族のはずだが、椅子の数はそれ以上用意してあった。お客様用なのか、あるいは始めからテーブルとセットで売られていたのか。その辺りの事情は、現在この家を預かっている坂井千草が一番詳しいはずだ。

その千草は現在二階で掃除機を動かしているため、この居間には誰もいない。

そして、テーブルの上にはおかしな物が四つも置いてあった。

一つ目は黒い宝石に金色のリングを交差するようにあしらったペンダント〝コキュートス〟。

二つ目は画板のように巨大な本〝グリモア〟。

三つ目は大昔の給仕がつけていそうな白いヘッド

ドレス〝ペルソナ〟。

四つ目は小さなガラスがたくさんついた飾り紐〝サービア〟。

いずれもフレイムヘイズと契約し、その体内で休眠状態にある〝紅世の王〟が、その意思のみを顕現・表出するための神器である。

「でよぉ、フレイムヘイズ同士の派手な『共食い』が起きてるのは外界宿の方からも聞いてっけど、わざわざ爺ィが御崎市に出戻りするほどデカイ問題なのかよ？」

告げたのは巨大な本〝グリモア〟に宿る〝蹂躙の爪牙〟マルコシアスだ。彼（？）は分厚い本をバフバフ開閉し、群青色の火の粉を飛ばしながら尋ねる。

一方、言葉を向けられているのはガラスの飾り紐〝サービア〟に宿る〝不抜の尖嶺〟ベヘモットである。

彼（？）は少々しゃがれた老人の声で、

「ふむ。これまでもフレイムヘイズ同士のいざこざはあった。あの戦闘狂の契約者ならようく分かっているはずじゃろ。だがなぁ、今回ばかりは少し複雑な事情がありそうでのう」

ちなみに居間の外からは、『かっ、帰ってくるなら一言ぐらい連絡を入れてくれても良かったじゃないですか！』『ああ、私は電話というものをあまり使いませんし、吉田一美さんの番号など知りません。おや、何を泣いているのですか？』などという内気な少女の感極まった声と小憎たらしい正論たっぷりの返事が聞こえてきていたが、今のメインはそちらではない。

視点を居間に戻すと、今度はヘッドドレス〝ペルソナ〟に宿る〝夢幻の冠帯〟ティアマトーが、きびきびとした女性らしき声で端的に、

「会話続行」

「ふむ、そうじゃな。今回の件はそこの戦闘狂が起こすような、フレイムヘイズ同士の単一のいざこざという訳ではないようなのじゃよ」

「というと？」

合いの手を入れたのは、ペンダント〝コキュートス〟に宿る〝天壌の劫火〟アラストールだ。一応この中では一番偉いはずなのだが、公私共に何かと苦労が絶えない人物（？）である。

「数じゃよ。被害に遭ったフレイムヘイズの数が尋常ではない。およそ七日ほど前から起き始めた事件なのじゃが、外界宿が確認を取っているだけでも四十七。ふむ、外界宿を使わぬ孤高の者を含めればさ

らに数は増すじゃろうが」

「あぁ!? 何だぁそりゃ!!」

マルコシアスが思わず叫ぶ。

例えば戦争屋で知られる〝千征令〟オルゴンなど、強大な〝王〟の中には多くのフレイムヘイズを殺した戦績を誇る者もいる。しかしそれは、あくまで『〝紅世の王〟がこの世に渡り来てから、長い間をかけての総数』の話だ。

たかだか一週間で五十前後ともなれば、その短期撃破速度は脅威の一言に尽きる。まして、このペースでずっとフレイムヘイズ殺しが続いていけば、かの〝ミステス〟〝天目一個〟の撃破数にいずれ届くかもしれない。

「待てよ爺ィ。なんか数え間違えてんじゃねえのか!? うちのゴブレットが酔っ払ってバーのマスターに酒臭い息吹きつけて酒樽片手に暴れたってそこまで酷くはならねえぞ!!」

分厚い本が叫んだ瞬間、しゅい〜ん、と〝グリモア〟が虚空に消えた。

神器は基本的に、フレイムヘイズか契約者のどちらか一方が願えば、離れ離れになっていても契約者の元へ呼び寄せる事ができるのだ。

ちなみに〝グリモア〟は居間の外、廊下の方へ呼び出されたようだ。テーブルの上に乗っている〝コキュートス〟を介して、アラストールが居間の出口から流れてくる声を聞く限りでは、

「あ・ん・た。せめて［仮装舞踏会］が暴れたら、ぐらいのたとえにできなかったの？ 私がそこまで見境のない酒乱馬鹿に見えんのかしらァ……!?」

「本当の事を言ったまでじゃねえか！ って待てオイ何だその日曜大工の工具箱はそこからゴソゴソ取り出してのは、もし、かし、て——あばァあああああああッ!?」

「待つのであります！ それ以上やっては神器がめり込んでしまうのであります!!」

美しいがどこか豪快さの漂う女性の声と、折り目正しいがどこか感情的な女性の声が聞こえて何らかのドラマが展開された後、居間の出入り口から美女の手がにゅっと出てきて、分厚い本がテーブルへ向かって投げ込まれた。乱暴な動きの割に優れた軌跡を描いて、ズドムと〝グリモア〟がテーブルの上に着地する。

「よ、よぉし、話の続きといこうじゃねえか……」

「御身無事？」

「ちっ、女に心配そうな声をかけさせちまうたぁ、俺様もまだまだ男が足りてねぇって事か」

ばふーっ、と煙草の煙のようにページの隙間から群青色の火の粉を吐く〝グリモア〟。ヘッドドレスの端から包帯のような白い帯が気遣わしげにシュルシュルと出てきたが、彼はそれを渋味の効いた男の吐息一つで拒否する。契約者ヴィルヘルミナとマージョリーが旧知の仲であるのと同じく、彼らもまた相応の付き合いというものがあるようだ。

そういったやり取りを呆れたように眺めながら、ペンダントに宿るアラストールは、

「……しかし、極めて短期間の内に五十前後のフレイムヘイズが死亡……それも同業のフレイムヘイズによるものと言われると、あの一件を思い出すな」

「ふむ。儂も同じじゃよ。『討滅の獄』事件じゃな」

「あん？　何だそりゃ。やい〝夢幻の冠帯〟、おめぇは知ってんのか？」

「風聞程度。詳細不明」

ヘッドドレスは白いリボンを名残惜しげにシュルシュルと戻しつつ答える。説明の苦手な彼女に代わってアラストールが、

「十六世紀に起きた『大戦』直後の混乱の一つでな。我や〝夢幻の冠帯〟は『天道宮』で新たなフレイムヘイズの器を育成しようとしていた所だった。従って、主に解決したのは〝不抜の尖嶺〟の方だ」

「はぁん。そんじゃあ俺には分かんねえ訳だわ。我がゴブレットも結構な年増だが、それでも『大戦』にゃ関わっちゃいなかったからな。ぎゃはは！」

分厚い本はテーブルの上でケタケタと震え、

「そういや〝夢幻の冠帯〟の契約者はまだダッサイ給仕服のままだったが、確か炎髪灼眼の嬢ちゃんを拾ってからだったよな。ありゃ〝天壌の劫火〟、おめぇが趣味丸出しでそういう風に指示したのか。ひっひ、でなけりゃ普通あんな野暮ったいズロースなんて下着穿く訳がねえよなぁ!!」

叫んだ瞬間、再び分厚い本が、しゅいーんと虚空に消えた。

居間の外からは、

「……いつ見たのでありますか？」

「待て！　言うからノコギリは待てぇ！　分かった正直に話す、あれだよおめぇが『零時迷子』を巡って炎髪灼眼の嬢ちゃんと揉めてケーサクの家で飲んだくれた事があったじゃねえか！」

「あの時でありますか……」

「そ、そうそう。とりあえず疲れを取れだの、体を温めて気を鎮めようだの、こういう場合は人間としての風習を味わった方が良いだのって酔っ払ったノリで、我が赤ら顔のゴブレットと一緒に馬鹿デカイ風呂に入ったよな？　つーか、この俺様の本体はゴブレットの中にあるんだぜ。それに神器〝グリモア〟を脱衣所にポンと無造作に置かれちまったらよぉ、お前さん達が一緒に風呂に入ったりなんなりした時には当然見えあがぁッ!?」

「ま、マージョリーさんのあられもない……それはどういう事だマルコシアス！　詳しく、もっと詳しく!!　おい田中、ちょっとその工具箱をこっちに持ってこい！」

「これか佐藤？　くそ、それにしても俺達は真剣にマルコシアスを尊敬していたのに！　こいつは詳細を問い質す必要性が……って、姐さん？　ちょ、待っ、何を無表情に指の関節を鳴らして、ああああああああああッ!!」

　ドガァメキィ!!　というほんのり肉体派な効果音と共にちょっとしたドラマが展開され、ボロボロになった分厚い本が居間のテーブルへ投げ返された。

　どうも廊下から聞こえる大騒ぎを耳にする限り、『弔詞の詠み手』や『万条の仕手』といったフレイムヘイズ達の他にも、佐藤啓作や田中栄太といった普通の人間達もいるらしい。先ほど吉田一美の声も聞こえた所を考えると、結構な人数が集まっているようだ。

　一方、そちらから帰還した分厚い本は、テーブルの上でバフーバフーと息切れのような群青色の火の粉を吐きつつ、

「く、くそ。俺は納得いかねえぞ……。〝王〟と契約者ってのは一心同体、完全なる信頼と共にあるもんじゃねえのか。それにほら、この国には裸の付き合いって言葉もあるぐれえだし」

「因果応報」

「我としては、貴様のような〝王〟には落胆せざるを得ん。我などはあの子が着替える際にはきちんと枕の下に神器を押し込んでもらい、万が一にも目撃せぬよう配慮をしている」

　やれやれ、というニュアンスのペンダントに、分厚い本はカチンときたらしく、

「けっ！　よく言うぜこのロリコンが！　自分の城に下界のガキを連れ込んでは寄ってたかって好き勝手に『教育』して、自分好みにならないなら放り捨てて次を選ぶ……ってのはどうなんだ。ひっひ、あ

の契約者の外見だっておめぇの好みなんだろ、このむっつり魔神がよぉ！」

　分厚い本がわめいた瞬間、今度はペンダントが虚空へ、しゅぃーんと消えた。

　居間から廊下へ繋がる出入り口から、

「……すべては貴方の壮大な趣味だったのでありますか？」

「何の事か良く理解できなかったけど、とにかく腹が立つのはどうして？　アラストール」

「ぬう。違うわ馬鹿者ども！　我が生涯を誓ったのはあの一人きりのみだ！　だから、その、何だ。……携帯用ガスコンロでお湯を沸かして、一体何をするつもりなのだ？」

「嘘つきとむっつりには煮沸洗浄が必要なのであります」

　氷のように冷徹な女性の声や、やたら芯の通った強い少女の声が聞こえた後に、ぽちゃん、という小さな水音が続いて何やらすごいドラマが開始したようだが、あくまで今のメインは居間のテーブルである。

　ガラスの飾り紐はやれやれと呟いて、

「ふむ。話を戻すとするかの」

「支持」

「だなだな」

「で、件の『討滅の獄』事件は、先ほども言ったように、十六世紀に起きた『大戦』直後の混乱の一つじゃな。『大戦』というのは……そこから説明するまでもないかの。ともかく、多くの〝徒〟とフレイムヘイズが散った争いがあったのじゃ。さて、ここでフレイムヘイズ側に一つの問題が生じた。大きな問題じゃな。ふむ、それは何じゃったと思う？」

「何だったって……ふん。つまりこういう事か。『大戦』の犠牲がでかすぎたせいで、フレイムヘイズ全体の数が減っちまったんだろ？」

「そうじゃ。さらに、人間が新たに〝王〟と契約を結ぼうにも、〝王〟の方も尻込みしたのじゃ。下手に人間に協力しても、薄弱な器ごと自分が破壊されてしまう、とな。契約者の器が壊れただけでは〝王〟は死なぬが、そのたびに〝王〟がこの世と紅世を行き来していては、紅世に帰り着けずに力尽きる恐れもあるのだしのう。まさにフレイムヘイズの氷河期といった所じゃな」

　飾り紐は、そこで一拍おいた。

　紅世とこの世は簡単に渡れるものではない。それは自作の船で大荒れの海を横断するようなもので、

〝船〟の作りが甘ければ沈没するし〝航海〟のための準備もある。この世を荒らす〝徒〟にしてもフレイムヘイズに与する〝王〟にしても、それなりの覚悟と共に〝航海〟に臨むのだ。

と、ヘッドドレスが先を促すように、

「会話続行」

「ふむ。『討滅の獄』とは、そんな折に作られた宝具じゃ。あの〝探耽求究〟ダンタリオンが作った一品じゃとかで、あ奴が〝紅世の徒〟の方からも忌まわれる遠因の一つとも言われておる」

途端に、場に疲れたような呆れたような空気が流れた。何故かと理由を尋ねる気力もない。ようは、ダンタリオンはまた気紛れで人間に手を貸したのだろう。

宝具とは一般的に〝王〟と人間の双方の望みがあって初めて作られるものだ。従ってダンタリオン一人では難しいが、だからこそ一時的な協力関係を結んだ、といった所か。

「十六世紀というと錬金術の最盛期じゃが、ブロッケン山周辺では複数の集団が妙な研究成果を得たと宣言しておる。この辺りは封絶の開発と似た経緯があるかもしれぬのう」

その時、居間の出入り口からぞんざいな手つきでペンダントが投げ込まれた。カツーンと音を立ててテーブルに帰還した〝コキュートス〟は、ほんのりと湯気が出ている。

半煮えのアラストールは言う。

「う、うむ……。元々、あの〝探耽求究〟が〝紅世の徒〟から嫌われる理由などいくらでもあるのだが、中でもあれは大きかった。『討滅の獄』が作られなければ、フレイムヘイズはあそこで断絶していたかもしれんのだからな。もっとも、誇り高き真たる討滅者達はやむなく頼っていた、という感じだったが」

「あん？　その『討滅の獄』ってのはどんな宝具なんだ？」

「疑問」

「ふむ。文字通り、フレイムヘイズ不足を解消するための宝具じゃな。あるいは、敵対する〝王〟を確実に封じるためのものとも言える」

飾り紐〝サービア〟に宿るべへモットは少し間を空けて、

「のう。儂らは普通、己の適性に合い、資質があり、何より討滅を求める強い意志のある人間を初めて契約者として認めるものじゃろう？」

「まーな。うちのゴブレットが放ったぶち殺しの雄叫びは今でも忘れられねえよ」

「同右」

ヘッドドレスが告げると、居間の外から『……ヴィルヘルミナ、あんた私と同じぐらいハードに叫んだの？』『ち、違うのであります！　私は別に!!』などという声が聞こえてきた。

「ふむ。そして人間がどれだけ望もうが、〝王〟が応じぬ限りは絶対に契約できないじゃろ」

「逆もまた然りだけどな。ひっひ、紅世じゃ力はあるのにちっとも人気のねえ〝王〟だってゴロゴロいるじゃねえか」

「だが」

アラストールは、遠雷のような声で遮った。

「『討滅の獄』は、そういった条件を無視するのだ。いわば、人間の方から〝紅世の王〟と強引に契約を結ぶための宝具だな。その〝王〟が紅世とこの世のどちらにいても構わん。本来はできぬ、この世の〝王〟でもだ。とにかく〝王〟の意思は関係なく、人間側が『この〝王〟と契約する』と勝手に指名すればそれで終わり。あっという間に、即席フレイムヘイズの出来上がりだ」

当然契約前の普通の人間は、紅世やそこに住む〝徒〟や〝王〟の存在は知らないはずである。

しかし当時は『大戦』の直後で、その後始末や大規模な調律を行うために、一定量のフレイムヘイズが主戦場となったブロッケン山周辺にまだ残っていた。いわば仮組みの外界宿のようなものができていて、彼らフレイムヘイズが宝具『討滅の獄』を管理し、普通の人間に紅世の存在を教え、フレイムヘイズ志願者を募ったという経緯があったらしい。どの道、調律のために現地の人間の協力が必要でもあったので、フレイムヘイズが普通の人間と関わりを持ち『この世の本当の事』に巻き込むという手段に大した抵抗感はなかったようだ。

「待てよ。ってーと、その、何だ。強引に契約された方は、とりあえず契約者が死ぬまで紅世にも帰れず狭っ苦しい人間の体の中って訳か。ま、そんなもんに頼る程度の器の野郎じゃ手を貸しても大した力は与えられねえだろうし、放っといても勝手に死ぬんだろうけどなぁ」

「それでも帰れん」

ペンダントの断言に、分厚い本とヘッドドレスは怪訝な声で、

「あん？」

「説明要求」

「契約者が死んでも〝王〟は自由になれん。それをできなくするのも、『討滅の獄』の力なのだ。この宝具を使って強引に契約させられた〝紅世の王〟は、契約者フレイムヘイズが契約を解くと言うまで紅世には帰れん。契約者を単純に殺しても、〝紅世の王〟も一緒に消滅するだけだ」

「何だそりゃあ？　契約中ならともかく、契約者が死んだ後に〝王〟が取る道ってのは、紅世に帰るか消滅覚悟で最期に爆発的な顕現をするこったろうが。少なくとも俺はうちのゴブレットならともかく、好きでもねえ野郎のために命張るつもりはねえぞ」

　当然すぎるが故に、分厚い本は何故説明しなくてはならないのかと逆に不審に思っているようだった。しかしペンダントは重たい声で続ける。

「そもそも『討滅の獄』は〝王〟の体内封印を最優先する。そのため契約者が死しても〝王〟に対する顕現防止機能は消えぬ。束縛の自在法を唯一解除できる契約者も死したのだしな。有り体に言えば、この世への顕現はできぬという事だ」

「なら紅世に帰りゃ良いじゃねえかよ」

「それも無理だ。即席フレイムヘイズは『討滅の獄』を使って〝王〟に紅世へ逃げる事を禁じている。従って、この世へ顕現する事もできなければ紅世へ帰る事もできん。双方の居場所をなくした〝王〟は前後からの圧迫に耐え切れずに破裂してしまい、討滅されるという寸法だ」

「ふむ。むしろ『討滅の獄』の利点は、この『〝王〟を確実に封じ、そして封じればもう逃がさない』機能じゃ。まず手始めにフレイムヘイズを量産する事で直接的な戦力を増し、それでも敵わぬ強大な〝王〟が現れた時には、人間という器にその〝王〟を封じ込めるという訳じゃよ」

　実際、即席契約者がフレイムヘイズとして討滅の戦いに身を置く必要すらない。危険な〝王〟を封じ込めるだけでも『この世と紅世の大局的な破滅』を防ぐ助けとなる。多くの〝徒〟や〝王〟がこの世へ渡ってきているとはいえ、ここはやはり人間の世界だ。力を無視した単純な数で言えば人間の方が断然多い。もしも彼ら人間が全員で〝王〟の封印に当たれば、あっという間にこの世の〝王〟は駆逐されるだろう。

『この世に行けば死ぬまで人間に封じられる。これは絶対に避けられない』という話が紅世まで伝われば、自侭な〝王〟がこの世に渡り来るという風習そのものすら消滅するかもしれない。自侭な〝王〟は、自侭な故に人の身に縛られる事を何より嫌うだろうから。

紅世側で人間が契約できない者に〝徒〟や〝燐子〟がある。

こちらはフレイムヘイズが直接倒せば良い。〝徒〟の中にも苦戦を強いる者がいるが、それはソラトやティリエルのように、特殊な自在法や宝具があってこそだ。単純な力勝負では、〝王〟と戦うための力を得て、実際にその〝王〟を圧倒する真たるフレイムヘイズの敵ではない。

まして〝燐子〟では話にならない。フリアグネやダンタリオンのように、複雑かつ強力な〝燐子〟を作る〝王〟もいるものの、それでも〝燐子〟は所詮〝燐子〟でしかない。彼らの討滅になど、即席フレイムヘイズの手を借りるまでもないだろう。日頃から強大な〝王〟や〝徒〟と戦い続ける本物の討滅の道具にとっては、歯ごたえのない相手に過ぎないはずだ。

「……『討滅の獄』――討ち滅ぼすための牢獄とはよく言ったものじゃ。ふむ、まさに世界のバランスを保つ事に関して、実に効果的な宝具じゃろう?」

「……、確かに、そりゃそうだけどよ」

「感情不満」

契約者には器や資質があり、それは長きにわたって契約者の中に収まる〝王〟にとって死活問題だ。だから〝王〟は真に自分と合う者をひたすら捜し続ける。それを無視すれば契約者に与えられる力は微々たるものだろうし、何より中に入る〝王〟は窮屈でならない。それはサイズの小さな、センスの合わない服を無理矢理押し付けられるのと同じだ。実際に優れた契約者と巡り合えたからこそ、マルコシアス達は『討滅の獄』のやり方に納得がいかなかった。

「そうじゃな。だからこそ、歪んだやり方は歪んだ結果を生んだのじゃ」

「何だぁそりゃ?」

「ふむ。所詮、『討滅の獄』で作られた即席フレイムヘイズには、討滅に対する強い意思がなかったんじゃな。元々彼らは人の体を使った牢獄に過ぎぬ、〝紅世の王〟に選ばれぬ程度の人の群れじゃ。一時の感情から契約を求めた所で、実際に『人ではないもの』になった時や、『強大な〝紅世の王〟に遭遇し、消滅の手前まで追い詰められた』時に、心の柱はあっさり折れる」

「当然帰結」

ヘッドドレスが短く言うと、ペンダントは古い伝承を聞かせるように、

「討滅の意思を失った即席フレイムヘイズ達は、やがて徒党を組んで自侭に力を振るうようになったという。人を襲い、様々な物欲を満たし、さらなる望みのために“存在の力”まで奪い始める。これでは世界の均衡を乱す“紅世の徒”と何も変わらん。フレイムヘイズの皮を被って味方を欺く分、こちらの方がよほど厄介だ」

元々『大戦』が起きた十六世紀の神聖ローマ帝国では、兵力の主体がすでに騎士から傭兵へと変わっていて、同時に彼らのモラルが疑問視されていた頃合でもある。野盗の襲撃を恐れて隊商が護衛として募った傭兵が雇い主を裏切って物品を奪ったり、報酬が少ないと文句をつけて斬りかかったりといった事態は絶えなかったのだ。

ただの人間でさえ、明確な覚悟もなく武器を持てばそんな状態になる。

即席とはいえ、フレイムヘイズとしての強大な力をつけた者達が振るう横暴は、それをはるかに上回る規模と犠牲を生み出した。

もちろん、全ての即席フレイムヘイズが暴走の道を辿った訳ではない。中にはフレイムヘイズとしての力を、危険な討滅以外の方法で人のために還元しようとした者もいた。しかし、フレイムヘイズが自在法を振るえば、やはりこの世のバランスは少しずつ崩れていく。

フレイムヘイズは自分が契約した“王”の力を直接使えば“存在の力”を外から補給しなくても良いとはいえ、『調律師』というフレイムヘイズがいる事から分かる通り、封絶内の回復や自在法の連続使用そのものがこの世に悪い影響を及ぼす危険もあるのだ。一人一人のフレイムヘイズならともかく、『討滅の獄』で大勢力となった彼らが討滅以外の目的で普遍的に自在法を使い続ければ、あっという間に小さな綻びが蓄積していく事になる。ちょうど、御崎市が度重なる戦闘でバランスを崩しかけていたように。

より危険な“王”や“徒”を倒すためならともかく、それ以外の目的でこの世の均衡を崩す事に本物のフレイムヘイズが許しを与える事はなかった。こうして、彼らも『この世と紅世の大局的な破滅』という最優先事項の前では、敵と判断するしかなかったのだ。

「ふむ。そうして、即席フレイムヘイズ達に対する

『討滅』が行われたのが、問題の『討滅の獄』事件じゃ。この時、問題となった軟弱者のフレイムヘイズが実に七十人ほど斬り捨てられた。一度の被害だけならフレイムヘイズ全体の歴史の中でも十指に入るじゃろうな」

因果応報の一言で片付けるには、あまりにも凄惨な末路。

戦争は悲劇を生むというが、その爪痕は戦争が終わった後にさえ悲劇を繋いでいく。フレイムヘイズという秩序を守る仕組み全体が混乱していた時期なのだから、その度合いも普通ではなかっただろう……。

「ったく、〝探耽求究〟の大馬鹿野郎は何でまたそんな宝具を作ったんだ？　あいつにしてみりゃ敵に塩を送るようなもんじゃねえか」

「説明要求」

「我も理由など知らん。大方、『大戦』の勝利をフレイムヘイズ兵団がもぎ取った事を知り、その強さを調べてみたくなったからフレイムヘイズ側に協力してみた、といったところだろう。あるいは『討滅の獄』が生んだ混乱そのものが目的かもしれん。正直、考えればキリがない。というより、無駄だ」

ペンダントの声は投げやりだ。それは実際にミサゴ祭りでダンタリオンに色々かき回された苦い思い出があるからだろう。

「ふむ。あ奴が自己の目的のためにフレイムヘイズに与するのはあれが初めてではないからの。あの〝王〟については、行動の理由を探る事そのものが無意味じゃ。そういうものなのだ、ぐらいに認識しておくのが無難じゃろう」

ベヘモットの呆れたような声。

それを聞いたマルコシアスは少し黙ってから、やがて会話を再開させた。

「ふぅん。で、その大昔の出来事が今回あちこちの外界宿が大慌てしちまってるこの事件と似てるって訳か」

「規模の上なら同程度じゃし、同業者が互いに殺し合うといった状況も似ておるのう。じゃから参考程度に話してみたのじゃが……」

「フレイムヘイズがフレイムヘイズを虐殺する事件、か。ただ、そいつと今回の件には違う所が二つある。そうだろう、爺ィ」

「ふむ」

「一つ目。今回の犠牲者達は『討滅の獄』を使ってるって決まった訳じゃねえ。ま、『討滅の獄』事件から逃げ延びた即席フレイムヘイズが今でも存在している可能性もあるし、爺ィの話によると『討滅の獄』の連中にも社会の役に立った奴がいたみてえだが」

　分厚い本は、静かな声で、

「二つ目。今回の件は、たった一人、もしくは少数のフレイムヘイズによって起こされている。少なくとも、『大戦』みてえな大人数のフレイムヘイズが動いてるなんて話は聞かねえ。そもそも、今の時代にあれだけの数を揃える事はできねえかもしんねえけどな」

　しん、と温かい午前中の居間に、沈黙が下りる。

　ふむ、とベヘモットは一息入れて、

「敵はよほど強力なのか、もしくは味方を欺く事に特化しているか、といった所じゃな。じゃから一応、儂はこうして警告に来た訳じゃ。見知らぬフレイムヘイズに背中を預けるなよ、と。元々フレイムヘイズは群れぬものじゃが、ここはちと様子が違うようじゃしの。……いや、それが悪いのだと言うておるのではないのじゃよ」

「状況理解。警戒増強」

「はん。うちのゴブレットを見慣れてる身としちゃ、フレイムヘイズが同業者を殴り飛ばすのなんて日常茶飯事って感じだがな。元より警戒を怠る事はねえよ」

「ふむ。その言葉を信じたい所じゃが、どうも雰囲気が浮ついているような気がするのう。先ほどから風呂を覗くだの契約者の選別に容姿の好みがあるだの……最古参の儂からすれば、時代の変化についていけんといった所じゃな」

「自省」

　と、実は単純な使命感の他にも契約者の恋愛沙汰にも力を貸しているヘッドドレスは、極めて純粋な使命感のみで動く先達の言葉を素直に受け止めようとしたが、

「あぁ!? なぁにおめぇだけ良い子ちゃんぶってんだ〝不抜の尖嶺〟! おめぇだって『カデシュの心室』使って御崎市の調律やった時にゃ、ヨシダの嬢ちゃんを全裸に剥いて全身を炎で優しくくるんでいたじゃねえか! 正直に言え、包み心地はどうだったよ? いーや言わなくても分かる。あの時の褐色の炎の輝き方や火の粉の舞い具合から察するに、おめぇかなりウットリ上機嫌だっただろうが! ああ情けねえ情けねえ、年甲斐もなく何サカッてんですかこのおじーちゃんは!!」

　言い終わる前に、しゅいーんと飾り紐が虚空へ消えた。

居間の外からは、

「いっ、今の、今のは一体どういう事なんですか!? べへモットさん！ カムシンさんもッ!! は、裸？ 何ですか、全裸って、だって、まさか！ き、聞いてませんそんな話!! いやぁ……！ あそこには坂井君達もいたのに!!」

「ああ。吉田一美さん、とりあえず涙目にならずに気を鎮めて。私が『カデシュの心室』を使う時も裸になりますから、私個人としては他意などありません。それはそういうものでしかないのです。しかし……さてべへモット。私からも改めて質問しますが、あなた個人に他意はありましたか？ 私が協力者を選んだ際に『そうじゃな、ちょうど良いじゃろう』とか何とか言っていたのはそういう意図が含まれていたのですか？」

「ぬおおおおっ!? ま、待てカムシン・ネブハーウ、儂の宿る〝サービア〟とはそのように思い切り左右に引っ張るためのものでは、ぬがああああああああっ!?」

「ああ。私は良かれと思った事をしているだけですが」

「見れば分かるがその一直線的行動は絶対に後悔するぞ！ ぎゃあああ!!」

「ああ。それでも良かれと思う事を、また選んでいくのです」

居間の方へ視線を戻すと、ペンダントと分厚い本とヘッドドレスが同時にため息をついた。マルコシアスがその場を代表するように、

「ったく、お茶目な爺ィだな。同じ〝紅世の王〟として見ているだけで情けなくなっちまう」

「……貴様に人の事を言えた義理はないと思うのだがな。――――、ん？」

「何？」

「何だよ、〝天壌の劫火〟」

「いや、一つ疑問なのだが。〝蹂躙の爪牙〟……貴様は吉田一美がどのように御崎市の調律を行っていたのか、何故それを事細かに説明できたのだ？」

「あ」

と、分厚い本が声を出すのと同時に、しゅいーんと神器〝グリモア〟は別室へご案内。

居間の外からは、

「マッルコッシアース？ 何で呼んだか分かるかしらあ？」

「馬鹿ちょっと話を聞けって！ 俺の宿った神器ってのは基本的に自律移動できねえだろ！ だったら

調律の時、ケーサクやエータ達にやったみてえに群青の炎で目隠ししてくれりゃ良かったんだ！」

「でもマルコシアスって、マージョリーさん乗せてよく空を飛んでないか？」

「ならマルコシアスは自分一人だって、いくらでも隠れられたはずだし……」

「ケーサクもエータも場を混乱させるような事ばっかり言ってんじゃ……ぐああ!?　ちょ、溶接用レーザーはっ!?　そんなものを屋内で使うのは流石にどうだろう我が日曜大工の達人、マージョリー・ドォあああああっ!!」

居間のテーブルの上に置いてあるペンダントは、マルコシアスの絶叫を聞いてため息をつく。

「あれ、待ってよ」

「なに、悠二」

と、廊下の方から聞き慣れた少年と少女の声が聞こえてきた。聞いているだけで情けなくなってくるような少年のものと、聞いているだけで強い芯が分かる少女のものだ。

「それを言ったら、あの時シャナの首に下がっていた〝コキュートス〟だって……」

妙な所で鋭い少年の指摘を受け、しゅいーんと虚空へ消えるペンダント。

居間の外からは、

「アラストール……。そうよね、ヴィルヘルミナの話だと前の契約者も大きかったって言うし」

「やっぱりこいつはむっつり決定なのであります」

「そ、そんな……。私、あの時、は、はは、裸、だった、のに！　一体どれだけの視線を受けていたんですか!?」

「ぬう！　だから我が生涯を誓ったのはあの一人だけだと――待て、待った！　紅世真正の魔神〝天壌の劫火〟アラストールの名にかけて正式に謝罪する。だから携帯用ガスコンロのお湯の中に落とすのだけはァあがががががッ!?　煮える！　煮えてしまう！　あ、何を、フタ!?　おい、鍋のフタだけは閉め――――ッ!!」

あちこちで様々なドラマが展開される中、テーブルに一つだけ残されたヘッドドレスは一言。

「信頼亀裂」


「どうしたの、悠二。そんなやつれた顔でため息ついて」

「……いや、〝紅世の王〟にも色々あるんだなって思っただけ」

まさかと思うが、アラストールはシャナの前の契約者にもあんな感じで振り回されていたのだろうか、と坂井悠二はため息をつく。楽しげに思えるのは何故だろう。

ちなみに現在、廊下には人間と〝ミステス〟とフレイムヘイズが合わせて十人弱ほどもいる。金髪に眼鏡の美女が分厚い本をバシバシ叩いていたり、無表情の給仕服が床に置いた携帯用ガスコンロの火加減を確かめていたり、妙に落ち着いた子供が飾り紐を伸ばしたり縮めたり、それをビクビクした目で追いかける家庭的な少女や、対照的にやけに瞳を輝かせている二人の少年などもあいまって、かなり不気味な空間ができあがっている。しかもその上、どこからともなく〝紅世の王〟の苦痛に満ちた呻き声が聞こえてきて大変な事になっていた。母さんが二階の掃除を終えるまでに収拾がつくんだろうか、と悠二は真剣に悩む。

「でも、カルメルさんと契約してるティアマトー、さん……で良いのか？　とにかく彼女だけは特に問題もなかったな」

「正々堂々」

悠二の呟きに対してはっきりと答えたのは、居間のテーブルからいつもの場所であるヴィルヘルミナの頭の上に戻った真っ白なヘッドドレスだ。声に合わせ、心なしか布地がパリッとしている気がする。

（まぁ、二人とも普段からこの様子っていうならお風呂だの何だの、そういった小さい事でいちいち揉めたりもしないか）

と彼が思った直後、ヴィルヘルミナが鍋のフタを開けようと手を伸ばし、覗き込むように頭を傾けた。

その拍子に、

「あっ」

彼女の頭に載っていたヘッドドレスが外れて鍋のフタの上に落ちた。

じゅう、と焼肉のような効果音が聞こえる。

「焼焼焼焦焼焦焦焼!!」

叫びと共にフタへ落下したヘッドドレスから、シュバーッ!!　と大量のリボンが飛び出した。それを足代わりに、ヘッドドレスは鍋のフタから勢い良くジャンプする。ヴィルヘルミナは受け止めようと手を伸ばすが、ティアマトーはとっさの事で軌道を計算していなかったらしく、

「え？」

　ぺしっ、と。

　ちょうどヴィルヘルミナの手に弾かれる形で、もう一度鍋のフタの上へ落下した。

「残酷非情!!」

「無表情に何やってんですかカルメルさん!?」

「ヴィルヘルミナって……いつもそんな風にティアマトーの足を引っ張っていたの……？」

「ち、違うのであります。全ては計算の内なのであります！　私が契約を結びしティアマトーはこの程度でヘコたれるようなヤワな〝王〟ではないのであります!!」

　ヴィルヘルミナはそう言うが、鍋の上から床へ転がり落ちたヘッドドレスは契約者の声に答えない。心なしか、白い布地がぐったりしているようにも感じられる。

「は、半端にリボンが飛び出たままダウンしている有り様が、本当にヘロヘロに見えるのであります。ティアマトー？　もしもし、ティアマトー？」

「休、休息要求」

「……仕方がないのであります。私に原因があるのならこちらも持てる力を全て使ってサポートするのであります。こうなったら一度〝ペルソナ〟を洗濯したのち、きちんと庭先で干してからアイロンをかけて丁寧に整えるのでありま――」

「絶対駄目!!」

　あれこれ言い合っているフレイムヘイズと〝紅世の王〟を見ているだけで疲れてきた悠二は、そこから視線を外す。と、そこで飾り紐を引っ張っていたカムシンと目が合った。

「ああ、私に労いの言葉でも求めているのですか？」

「……極めて冷静に言われるとかえって脱力してくるのは何なんだろうな。そもそもあんたに言われた通り居間に神器だけを並べて会話させてみたけど、これって何の意味があったんだ？」

「ああ、ちょっとした実験だったのですよ。本来なら神器を集めるだけなので外界宿を頼れば良いのですが、件のフレイムヘイズ殺し事件で、どこの外界宿も協力どころではないといった感じだったのです。なので、迷惑をかけるのを承知でここへやってきたという訳です」

「……ここは外界宿と並ぶ施設としてカウントされているのか。なんか、最近僕の家がどんどん普通じゃなくなってきている気がする。食卓に給仕服がいたりするし」

その給仕服は現在ティアマトーと和解を済ませて、携帯用ガスコンロにかけたお鍋（と煮えている〝コキュートス〟）に醤油と砂糖を入れている最中である。ちなみに彼女は料理下手なので、ダシの事をすっかり失念していたりもした。

それを横目に見つつ、正しい事しか言わないカムシンは、

「ああ、そもそも連日鍛錬と称して封絶を張っている時点で普通の場所とは呼べないのですが。因果孤立空間の展開とそれに伴う内部修復は少しずつ歪みを生み、それを調律するために私がいる事をお忘れですか？　それにしても……歪みに対してあなたの成果が少ない気がしますが」

「うん。自分でも分かっているから、いちいちはっきり面と向かって言うな。で、その実験ってのは何だったの？　なんか実験って、あの〝教授〟みたいで嫌な言葉だよね、これ」

「あんな変人とは一緒にしないでいただきたいものですが。ともあれ、質問に答えるならば『神器の特性を探る』といった所でしょうか。自在法とも宝具とも違う、〝紅世の王〟の力をほんのわずかに顕現させる道具。ああ、これが意外に未知の領域が多い訳でして」

「ふうん。確か〝紅世の王〟と契約する時に形を決めるって話だったよな。でもあれって、『〝王〟の意思のみを表出する』通信端末みたいなものじゃなかったっけ？」

「ああ、本来の役割はそれですが、物によっては若干の補正がかかるようです」

カムシンは飾り紐を伸ばして、ベヘモットのくぐもった悲鳴を聞きつつ会話を続ける。

「例えば、ヴィルヘルミナ・カルメルの〝ペルソナ〟には、仮面に変身する能力と無数のリボンを放つ能力があるようです。それからマージョリー・ドーの〝グリモア〟。こちらはさらに複雑で、群青色の火の粉の放出から自在式のブースト機能、しおりや付箋による一部〝存在の力〟の譲渡機能など、挙げればキリがありません。ああ、私の〝サービア〟や、炎髪灼眼のお嬢ちゃんの〝コキュートス〟にはそれほどの能力補正はないようですが……」

「言われてみれば……。シャナの『夜笠』はアラストールの翼の一部だって話だけど、別に〝コキュートス〟から出てくる訳ではないもんな……」

「まぁ、それも不思議な点ではあるのですが、むしろ私が気にしていたのはこちらなのです」

と、カムシンは飾り紐をぺちんと指で弾いた。

『痛っ！』という、しゃがれた老人の小さな叫びが聞こえる。

「力や意思の双方向伝達性とでも言いますか。ああ、つまりですね、神器は『契約者の体内』から『外の世界』へ一方的に力や意思を流すだけでなく、逆に『外の世界』から『契約者の体内』へ力や意思を送る事もできるのか、という事を知りたかったのです。また、送れるのだとすれば、それはどの質のものをどの量まで、といった所まで」

カムシンは表情の読めない顔で、

「見ての通り、一口に神器と言っても形や能力には大きく差がありますから。私の〝サービア〟だけではデータとして不十分であり、もっとフレイムヘイズ一般の神器とはどういうものなのか、というのを知りたかったのですよ」

「一般的に、ね」

「ああ、しかしここへ来た甲斐はありました。こうして見る限り、やはり神器には特定の共通点があるようですね。それを確かめられただけでも成果はありました」

悠二はわずかにカムシンから視線を外して考える。

共通点のある神器。重要なのはリボンや火の粉を噴く特殊性ではない。力や意思の双方向伝達性。契約者内部から外の世界へ力や意思を流す事だけではなく、逆に外の世界から契約者内部へ力や意思を送る事。どの質のものをどの量まで。

「でもそれが今回のフレイムヘイズ殺しとどう関係して……あれ、待てよ。あんたは神器から体内の〝王〟に干渉できるかを試しに来たんだよな。フレイムヘイズはみんな持ってる神器の」

「ああ、その通りです。実際、このように〝サービア〟や〝コキュートス〟などを引っ張ると、ある程度の効果が見られると分かりました」

「だとすると……神器を介して、直接フレイムヘイズの中で眠る〝紅世の王〟に干渉できるっていうなら……もしかして……でも、そういう事って可能なのか……？」

こういう所では意外に鋭い少年だ。

しかしその一方で、すぐ近くで過去に裸を見られた事が判明して涙目になっている吉田一美の様子には全く気づかない鈍さを併せ持つ人間でもある。

悠二は他の事など目もくれず、ただカムシンの目を意志の篭った瞳で見据える。

「なぁカムシン。その、さっき言っていた犠牲になったフレイムヘイズ達は、一体どうやって殺されたんだ？」

「ああ、フレイムヘイズや〝紅世の徒〟は一般に死体が残らないものですから検証は難しいのですが、あなたが考えている可能性が高い、という訳です」

「……、」

悠二は少しだけ考える。

それから告げる。

「あんたは……さっき本当なら外界宿の方へ行ってたけど、あっちが混乱していたから仕方がなくうちにやってきた、って言ってたよな」

「外界宿を除けば神器が集まる場所などここぐらいしか思いつかなかったもので」

「それだけじゃないだろ？」

悠二が切り返すとカムシンはほんのわずかに黙った。

それから、やはり悪びれもせずに、

「……ああ。気づいてしまったのですね」

「やけにのんびりしてるのも気になったしね。本当に切羽詰まっていたら、あんたは挨拶も説明もしない。手順なんて考えないで、あのミサゴ祭りの時みたいに気がついたら始めから当然だって顔で協力を強制してくるだろ。そこを気遣うって事は、まだ余裕があるって訳だ。たとえば敵の素性や対策をおおまかに掴んでて、もう作戦も練ってあるとかね」

（ああ。やはり、坂井悠二君はこういう局面になると本当に鋭い）

とカムシンは思ったが口には出さない。下手な増長はこの〝ミステス〟のためではない、という間違いのない判断によるものだ。その代わりに、

「では、大体の事はもう予測できていますか」

「そりゃ、まぁね。例のフレイムヘイズ殺しの力が僕の考えている通りだとすると、単に外界宿を頼るだけじゃ駄目だ。この事件を終わらせるにはフレイムヘイズじゃない討ち手が必要になる。だから――」

「ああ。外界宿には多くのフレイムヘイズが集いますが、流石に〝ミステス〟まで用意している所はなかなかないのですよ。〝天目一個〟のように封絶内を自由に歩き回り、並の〝徒〟を越える〝存在の力〟を持つぐらい稀少な〝ミステス〟となると」

「言ってくれるな。ようは、フレイムヘイズじゃ敵わない相手に、〝ミステス〟の僕を差し向けるって

事だろう？」

「ああ。ですから先ほど……迷惑をかけるのを承知で、と言ったはずですが」

カムシンは真っ直ぐに悠二の目を見て、それだけを答えた。

言い訳もなければ、労うような言葉もない。むしろ周りの方が驚いて、

「悠二！」

「坂井君!!」

「はぁ!?　ちょっと爺ィ、こんな坊や一人にどこへ向かわせるですって!?」

「断言しますが、この〝ミステス〟は〝天目一個〟と違い、本当にただの『旅する宝の蔵』であります。期待をしても幻滅するだけでありますが」

「すっげぇ。坂井、こいつフレイムヘイズにお願いされてる!?」

「……というより、姐さん達に本気で心配されてる辺りが真剣に羨ましい」

言葉が短ければ短いほどより真剣な感情がこもっているという、おかしな状況だ。

様々な言葉が交錯するが、しかし悠二はそちらを見ない。

ただカムシンの顔を見る。

「本気で言ってるん、だよな」

「ああ。それは疑問ではなく確認作業ですか？」

こいつはこういう奴なんだ、と悠二はわずかに心の内側にざらついた感触を得る。自分の主義を通すのは構わないが、その進路上に別の人がいる時ぐらいは迂回して欲しいものだと思う。が、口に出した所で何かが変わるような人間なら始めから苦労はしない。

だから、悠二は言う。

ごねても戻れないなら、先へ進むための準備を整えなければ本当に死ぬ。

「じゃあ、あともう一つだけ。さっき、アラストール達が『大戦』の後に『討滅の獄』って宝具が作られて大問題になったって話をしてたけど。確か、あんたも後始末に参加したんだよな」

「ああ、それがどうしましたか？」

「結局、その『討滅の獄』っていう宝具そのものは、どうなったんだ？」

御崎市のギリギリ外側、大戸の端は夜になると人

気がなくなる。

　両都市の中心部からわずかに離れ、ほんの少しだけ自然が残るこの一角は、その残りを削り取ろうとするようにたくさんの工事現場があった。無骨に組み上げられた鉄骨や敷地の中で動きを止めた建設重機などの影が、夜空とはまた違う黒色のシルエットを浮かべている。

　フレイムヘイズを殺す討滅者はそこにいた。

　形『だけ』見れば、それは幼い少女に思える。

　身長は百四十センチあるかないか。髪は金髪と茶髪が混じり合った、丁寧なメッキが剥がれていくような色合いを帯びている。端正な顔は透き通るような白色だったが、まるでそれを否定するように上着もズボンも黒一色だった。手袋やブーツで手足の先まで完全に覆っていて、わざと己の肉体の美しさを封じようとしている風にも見える。

　しかし実際、その服装が少女の容姿を隠しているかと聞かれれば、首を横に振るしかない。衣服の黒は宵闇の色とは同化せず、うっすらと必要最低限だけ主張する輪郭は蕩けるような曲線を生んでいる。柔らかいが温かみは欠片もない、凄絶と言える美しさだった。輪郭だけでこれだ。今夜が満月なら、月の色に染まる彼女を見た者は全身の毛を逆立てたかもしれない。

　一般に、〝紅世の徒〟やフレイムヘイズに外見年齢は意味を為さない。

　自在法や身体能力の強化によって、見た目の体格やリーチもあてにはならない。

　フレイムヘイズを中心にして、周囲の空気そのものがピリピリと震えているようだった。攻撃前の予兆、炎髪灼眼の少女が言うところの『殺し』の気配を辿れる者がいたら、逆に撹乱されていたかもしれない。全方位へ均等に放たれる高密度の『殺し』は、濃密過ぎるが故に微細なベクトルを読めなくしている。

　不意に、フレイムヘイズは顔を上げた。

　すい、と。

　何の気なしに、考え事をしていた所に、顔の前で手を振られた時のように。

「紅世の王〝秘説の領域〟ラツィエルの契約者、『潜める追っ手』ノトブルガ、だな」

　名を呼ぶ声が聞こえた。

　ノトブルガと呼ばれたフレイムヘイズの少女は、

闇の先に視線を投げる。今まで瞬きもしなかった外灯の接触不良が直ったのか、前方にポツンとスポットライトのように光の輪が落ちる。

　そこにいたのは、

「トーチ……いえ、〝ミステス〟?」

　容姿に反して低い声を出すノトブルガ。彼女の一言は、端的に答えを差し当てていた。外灯の下に立つ少年は、その中に宝具『零時迷子』を宿した〝ミステス〟だ。

　ただし。

　坂井悠二というその〝ミステス〟は、右手に大振りな大太刀を提げ、左手にはテレビのリモコンサイズの大きな本のしおりを五枚、扇のように広げていた。その双方に、ノトブルガは〝存在の力〟の流れを感知する。あれは宝具、及び自在法の一種。たかがトーチの変種が持つには手に余るようにも見えるが……〝ミステス〟の中には、〝紅世の王〟やフレイムヘイズを数え切れぬほど斬り捨ててきた者もいるため、ノトブルガは逆に警戒を固め、
　ふと、彼女はわずかに眉をあげた。

「その大太刀……〝天目一個〟の」

「そうだよ。『贄殿遮那』、借りてきたんだ。実を言うとこれでも結構緊張してる。鞘がないからさ、こんなのぶら下げて街を歩いている所を見られたら、間違いなく人を呼ばれちゃうし」

「……?」

　人を呼ぶなどという世俗の言葉にノトブルガは眉をひそめる。言われてみれば、因果孤立空間『封絶』は張られていない。紅世に関する者なら基本の基本と言える自在法であり、特にそういうルールが決まっている訳ではないものの、一般に『襲撃側』が張り巡らせるものだが……。

「見ての通り、僕はただの〝ミステス〟だ。封絶の中でも動けるって特徴ぐらいはあるけど、それだけ。〝存在の力〟も色々あって人間よりは多いみたいだけど、無駄遣いが許されるってほどでもない。だから、できれば君が封絶を張ってくれると僕はとっても助かるかな」

　相手の出方を窺うノトブルガに、〝ミステス〟は告げる。

　あるいはフレイムヘイズがもう少し警戒を解いていれば、少年の顔色の青さが何の感情を示しているか看破できたかもしれないが、

「君一人を討滅するのに、わざわざ周りを巻き込む事もないだろうし、ね？」

　得体の知れない〝ミステス〟、『贄殿遮那』から〝天目一個〟への連想、ただのトーチにしては異様に多い〝存在の力〟の総量、高度な自在法を編み込まれた左手の符、紅世に関する一般人以上の知識。

　それら全てが、ノトブルガに警戒心を錯覚させた。

「!!」

　瞬時にして炎が渦を巻き、周囲一面へ展開される。形にして円形、複雑精緻な文様や得体の知れない古代文字で築かれていくのは因果孤立空間『封絶』。炎の色は薄紅色か。滑らかな肌のような白の上にほんのり上気した艶を帯びた、蕩けるような火の粉が大戸の街に舞う。

　それは己が刃を振るうべき戦場を用意するのと同時に、『封絶』を張らねばならない程度の恐怖を植えつけられたという、一種のサインだった。

　悠二は悠二で、実は張り巡らされた『封絶』に足が震えるかと思った。

（う、わっ!?　ホントに張った……ッ!!）

　真のフレイムヘイズが己の存在を認めたというのは、ある意味誇らしいとも受け取れるが、それよりも圧倒的な恐怖の方が先立つ。張られた『封絶』の作りはシャナより複雑で、マージョリーより稚拙。

　だが、一字一線にゴリゴリと押し潰すような凄絶さが漂っている。その『封絶』は彼女の内面を示しているのか。粘つくような意思の力は、自在法や〝存在の力〟とは違う単純な心理面から悠二の緊張感を加速させていく。

「我が内なるラツィエル。〝レオナルドゥスの解放〟を両の手に」

「了解した。神の名の下に、聖霊は信徒へ下る」

　二重に連なるフレイムヘイズの声。

　直後、ノトブルガの足元の地面から、細い鎖が蛇のように伸びる。ペンダントに添えるような細い細い鎖は、手袋に包まれた彼女の幼い両手の十指にそれぞれ絡み付く。絡み付いても動きは止まらず、ぐるぐるぐるぐる何重にも何重にも何重にも鎖は巻かれていく。手袋の布地が見えなくなり、鎖が野球のミットのように膨らむと、今度は巻き方が変化し

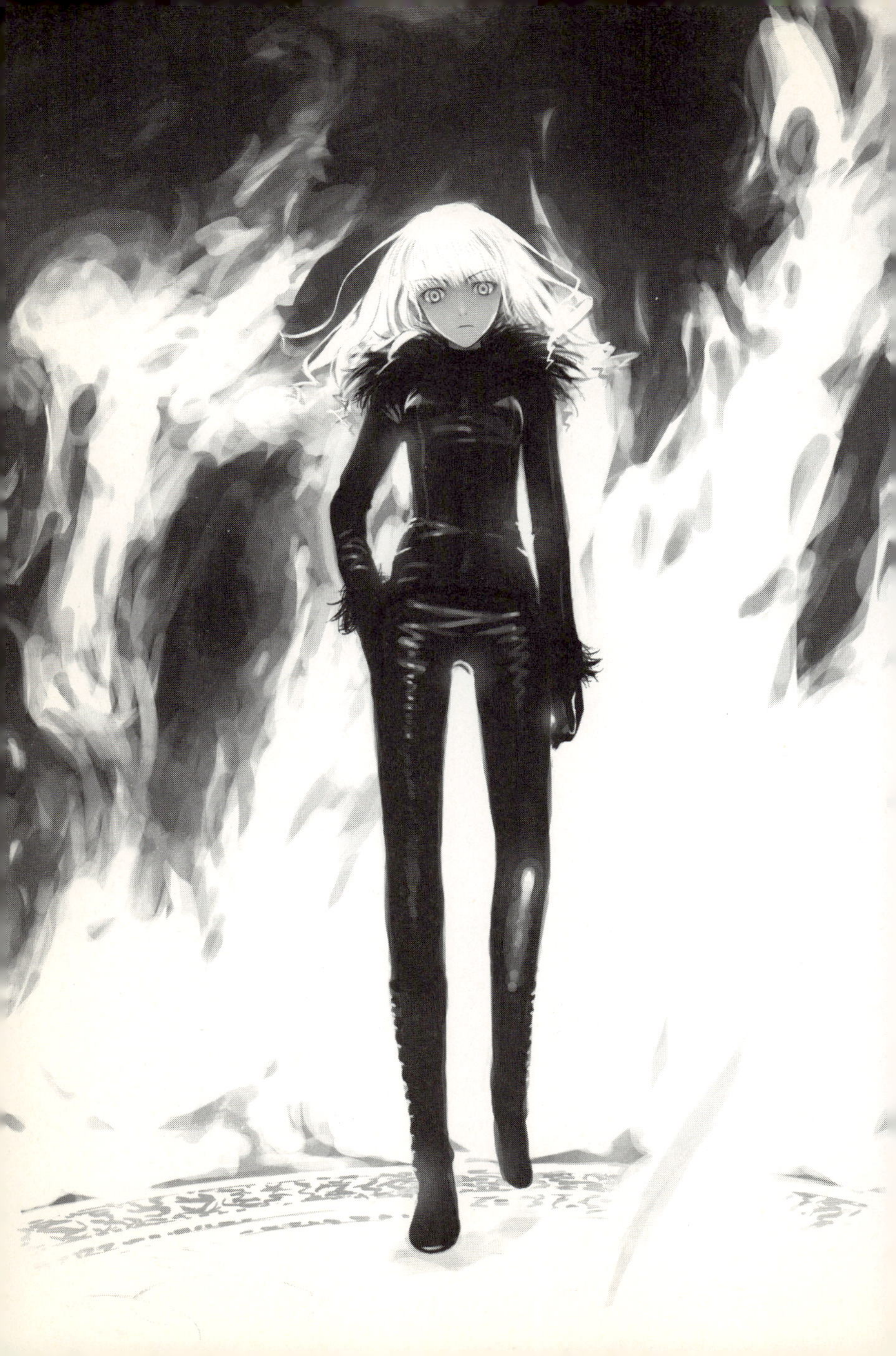

て、十本の指を作り上げた。鎖を何重にも巻いて作られた指は鈍い剣のような質感で、長さは地面に触れるほど成長していた。

　明らかに普通の物理現象とは違う、紅世特有の法則に従った光景。

「それがフレイムヘイズ殺しの正体……神器に干渉し、神器から〝存在の力〟を逆流させフレイムヘイズを内側から爆砕する自在法か」

「惜しい。厳密には自在法ではなく神器の一種よ。私の中にあるラツィエル本来の力をより一層この世に引き出すために、神器を改良する自在法は用意したけどね」

「……、」

　カムシンが神器を集めて『実験』を行ったのは、その攻撃が可能かどうか探るためだ。

　神器とフレイムヘイズ体内には、〝王〟の意志や力を伝達する見えないパイプが築かれている。従って、神器にある種の衝撃を与えると、ポンプを強く押すように、パイプを伝ってフレイムヘイズ体内に強力な圧力が加わる事になる。

　結果、待っているのはフレイムヘイズ体内で休眠していた〝紅世の王〟の強制的な覚醒解放と、その副作用として現れるフレイムヘイズの内側からの爆砕。〝狩人〟フリアグネの所持していた宝具『トリガーハッピー』と、結果だけなら似たような現象が起きるという事だ。一方で、神器そのものが強力な武器となるというのは珍しくもない。マージョリーの〝グリモア〟やヴィルヘルミナの〝ペルソナ〟を思い浮かべれば良い。

　ノトブルガは剣のような爪をカチカチ鳴らすと、

「本当は、この爪の音を聞き、この爪の輝きを浴びるだけで、敵の神器はラツィエル本来の力によって壮絶に加圧されるわ。それによってフレイムヘイズは膨らんだ風船のように内側からの破裂に怯えねばならず、まともに〝存在の力〟を振るう事もできなくなる。そこへ自爆誤爆を煽るか、鉄爪でパンと割るのが定石なんだけど……やはり神器を持たない者には何の効果もないようね。そう言えば〝燐子〟の時もそうだったか」

　今まで多くのフレイムヘイズが倒れてきたのはそういう仕組みだったのだ。

　そして同時に、

（理屈は分かったけど、やっぱりシャナ達じゃ対処できない。だから僕がやらないと……）

悠二の内心を知ってか知らずか、ノトブルガは表情も変えずに続ける。

「これを知っていたからこそ〝ミステス〟である貴様が出張ったのね。『贄殿遮那』の所持者、左手のしおりの自在師、その他にも御崎市には何人かのフレイムヘイズがいるはずだもの」

「まぁ、ね」

ノトブルガはこの一週間だけで五十人弱ものフレイムヘイズを葬った経歴を持つ。

ここで重要なのが、それが彼女の腕力によるものか、特殊なトリックによるものか、という点だ。前者なら絶望的だが、マルコシアスやティアマトーはそんな強大なフレイムヘイズの名を知らなかった。七日間で五十前後ともなれば単純な短期撃破数だけなら〝ミステス〟〝天目一個〟以上の腕であり、その名がマイナーであるはずがない。となると対フレイムヘイズ戦『だけ』に特化した何らかのトリックの存在が怪しくなってくる。

例えば。

フレイムヘイズの弱点のみを突く専用の攻撃とかだ。

しかも、それが格闘武器か飛び道具か、あるいは封絶のような範囲攻撃なのかすら分かっていない状況で、シャナ達が不用意に戦場へ行くのは危険過ぎる。そこで抜擢されたのが、彼女達のようなフレイムヘイズとは違う〝ミステス〟という『特質』を持つ坂井悠二だった。

（──「ああ、いかにフレイムヘイズ殺しを回避できるからと言って、そのまま立ち向かえば瞬殺されるのは避けられないでしょう」）

正しい事ばかり言う老フレイムヘイズは、自分から提案しておいてそんな事を言っていた。それを防ぐために餞別として貸し渡されたのが、ちっぽけな少年にはあまりに不釣合いな宝具や自在式の数々だった。

こうして今夜限り、〝ミステス〟の少年はフレイムヘイズ殺しの前に立った。

「私の名はどこで？」

──笑ってしまうが、百戦錬磨のフレイムヘイズ達を助けるために、

「カムシンから。『大戦』直後に起きた『討滅の獄』事件で討伐組として一緒に戦ったって」

──感情のほとんどが磨耗して、使命感のみで戦っている老フレイムヘイズを、

「では、私の目的は？」

──無表情の仮面で自分の全てを隠せていると

思っている優しいフレイムヘイズを、

「それは分からないけど、君の神器の力は元々殺しのためのものじゃなかったって事ぐらいは掴んだつもりだよ。あと、君が『討滅の獄』を壊して逃げたって話も聞いた」

――復讐だけを望み、しかしその過程で様々な人を助けてきた豪快なフレイムヘイズを、

「それだけ。ならば」

――討ち手として作られ、ようやくそれ以外を手に入れようとしているフレイムヘイズを。

ノトブルガは、静かに目を細めて、

「私がどれほど退きたくないと思っているかまでは、まだ掴めていなかったのね」

言葉が終わった時には、すでに激突が始まっていた。

ノトブルガの動きには、走るための予備動作のようなものが見えなかった。あまりにも速過ぎて、坂井悠二は己の懐へ飛び込まれるまで相手の動作に気づけなかった。

両者の距離はおよそ五十センチ弱。

『贄殿遮那』はシャナの身の丈と同程度の大太刀であり、事前の構えもなく、ここまで時間のない状態から重たい刃を振り上げ始めても、もはや攻撃するにしても防御するにしても動作が追い着かない。

さらに、悠二は〝存在の力〟を使って腕力を増幅させる事で大太刀を振るえたとしても、剣道や剣術のように本格的な斬撃・太刀筋を生み出すほど熟練していない。

「!!」

ノトブルガの、鎖で作った鉄爪が至近距離から悠二の顔へ放たれる。

右の大太刀でこれを弾けないなら、

「左を使う!!」

クロスカウンターのように悠二は左手をノトブルガの顔面目がけて突き出す。そこに握られているのは五枚のしおりの形をした自在式だ。マージョリーいわく、『とびきりキレた式を編んであげるけど、あんたの中にある〝存在の力〟じゃ五枚使うのが限界。せいぜい大事に使いなさいよ』との事だったが、
五枚一気に使った。

〝存在の力〟をまとめてごっそりと流し込む。

ボッ!!と。

複数の自在法が、同時に発動した。

まず。

坂井悠二の体が風に殴られたように後方へ飛ばされた。マージョリーがいつも分厚い本〝グリモア〟を使って飛行している自在式の亜種らしく、彼は一気に十メートルほど下がる。

次に。

ついさっきまで悠二が立っていた、そしてたった今ノトブルガが踏み込んだ場所に、四枚のしおりが取り残された。それは群青色に輝くと、膨らみ、弾け、尖り、鈍器となり、四つ各々の攻撃を生み、直後にまとめて大爆発を巻き起こして彼女の小さな体を包み込んだ。

鋭い爆風が、悠二の耳を一瞬麻痺させる。

十メートルも離れたのに、爆発の炎は悠二までも飲み込みかけた。

細い鎖を通して首に掛けた火除けの指輪『アズュール』がなければ焼け死んでいたはずだ。

「……くッ！　本当に紙一重か!!」

ピッ、と悠二の鼻先が切れ、赤い血が滴る。爆発の寸前に、ノトブルガの鉄の爪先が触れていたのだ。体の内側を電気のような緊張が走り、全身から嫌な汗がぶわっと噴き出る。あと一瞬遅れていれば、あと一枚出し惜しみしていれば、鉄の爪は彼の顔面を貫通していただろう。

群青色の爆炎が晴れる。

十メートル先。道路も工事用の建材もバラバラに飛び散った中心点。

そこには若干の傷を作ったものの、戦意を失わぬノトブルガが立っている。

悠二は五つの自在式を失った左手を、右の『贄殿遮那』へ添えた。

そのまま前方へ走る。

今度は逆に悠二がノトブルガの懐へと飛び込み、『贄殿遮那』を思い切り振り上げる。

「甘い」

しかし、振り下ろす前に声が来た。

体勢を立て直したノトブルガの鉄爪が、がら空きの〝ミステス〟の胴を狙って放たれる。悠二は攻撃のために振り上げた大太刀を、防御のために振り下ろす。ほとんどがむしゃらな一撃は、何とか鉄爪を弾き落とす。鋼鉄の壁でも殴ったような痛みが手首に返った。

そこへ、

「だから、甘い。壊すぞ〝ミステス〟!!」

もう片方の鉄爪が悠二の胸元へ突き刺さった。細い鎖を何重にも巻いて作られた鈍い刃は、少年のシャツを引き裂いてボロ布に変えると、さらにその奥にある、
包帯のように巻かれた白いリボンに弾かれた。

「なっ!?」

ガギィイ!! という岩と岩をぶつけるような音がした。リボン表面で桜色に輝くのは反射の自在式だったのか、変則的な神器〝レオナルドゥスの解放〟の片手がジャラジャラ音を立ててただの鎖へ戻っていく。

悠二は『贄殿遮那』を握る両手に力を入れ直し、

「カルメルさんが言うには『あまりにも貧弱で手を貸すしかないのであります』だってさ!!」

『贄殿遮那』を振り上げるのも億劫にノトブルガの腹に向けて、だらりと下げたまま切っ先を突き入れた。

「!!」

ここにきて、ノトブルガは初めて命の危機を感じて全力で身をひねった。神通無比、あらゆる自在法の防御を無力化する『贄殿遮那』は、それでもノトブルガの脇腹の肉を抉り取る。


(だが)

痛みを強引に抑え、ノトブルガは片手だけの鉄爪〝レオナルドゥスの解放〟を振り上げる。

『贄殿遮那』はそこらの刀とは質も格も全く違う。元々人間用に作られた武器ではないためか、剣豪の手でも振り回せないほどの重量を感じさせる。いかに〝存在の力〟で〝ミステス〟が腕力を増幅させているとはいえ、一度突き出せばそう簡単には手前へ引き戻せない。まして、今の〝ミステス〟は思い切り『贄殿遮那』の一撃を放った直後で、重たい刃はまだ前へ進んでいる。引き戻すには、まずその力を止め、それから手前に引かなくてはならない状態だ。

対して、ノトブルガはすでに鉄爪をいつでも発射できる。リボンの加護は〝ミステス〟の顔面までは及んでいない。その鼻先に、掠ったような傷があるから分かる。

従って、

(顔を貫けば、それで終わりよ!!)

結論を弾き出し、ノトブルガが構えた鉄爪へ力を入れようとした、
その一歩手前で、

「させるか!!」

すっ、と。

悠二の左手が、『贄殿遮那』から離れた。その手は彼のズボンのポケットへ押し込まれる。片手になれば、重たい『贄殿遮那』を手前へ引き戻すのにより一層の時間がかかる。その行為に何の意味があるのか、とノトブルガが疑問に思った所で、

(待て……。今現在、御崎市には四人のフレイムへイズがいたはず。『炎髪灼眼の討ち手』はあの大太刀、『弔詞の詠み手』は五枚の自在式、『万条の仕手』は防御のリボンを貸し与えたとして……だとすれば、残る『儀装の駆り手』は一体何を!?)

この〝ミステス〟は、確かに『カムシンから話を聞いた』と言っていた。この件のために御崎市に滞在している、あのフレイムへイズが協力している可能性は想像に難くない。

突発的に浮かんだのは、危機。

それは目の前の〝ミステス〟に対してではなく、最古参と呼ばれる討滅者に対する畏怖。共に『討滅の獄』事件の討伐隊として戦った経験から、ノトブルガはその恐ろしさを熟知していた。

そして。

動きを止めた一瞬の中、その少年はポケットの中から取り出した『最後の切り札』を、ノトブルガに向かってゆっくりと投げ放つ。

手の中から放たれたのは、どこにでもありそうな小石。

そして同時に、あの『儀装の駆り手』の名を象徴する物だった。

(やって、くれる……ッ!!)

眉を逆立てるノトブルガの前で、小石はゆっくりと弧を描く。ノトブルガにすら向かっていない。まるでキャッチボールで暴投したように、彼女の足元に落ちる軌道でしかない。

(〝存在の力〟の反応はない。自在式の気配も感じられない)

しかしこの局面で無駄な一手があるはずがない。何しろ、あの正しい言動しかしない『儀装の駆り手』が最後の手段として授けたものだ。なおかつ、この〝ミステス〟の体にはノトブルガに看破されぬよう高度な隠蔽が施された防御のリボンが巻かれていた。実際、そこで一度彼女は敵に自分の感知能力の先を越されてしまったのだ。

従って自分自身の感覚よりも、複数の自在師が織り成す高威力の攻撃の可能性に備えたノトブルガは、

「ラツィエル!!」

・・・・

「違う！　陽動だ！」

切迫した〝王〟の言葉にフレイムヘイズがギクリと動きを止める。

敵の意図に気づく。彼女が慌てて視線を小石から前へ戻す。

その先で、〝ミステス〟の少年は突き出した『贄殿遮那』を完全に手前へ引き戻していた。本命は小石ではない。あくまで大太刀を引き戻すだけの時間を稼ぎたかったのだ。

気づいた所で、

もう遅い。

「お、ォおおおおおおおおおおおおおッ!!」

太刀の柄を握る事すら慣れていないような手つきで、ただ前へ切っ先を突き出しただけの動きには、剣術や剣道のような切れ味は見られなかった。

だが、『贄殿遮那』という鋭利過ぎる刃物は、そんなハンデを無視してノトブルガの薄い胸を容赦なく貫いた。

「は……ァ」

悠二はフレイムヘイズの胸の真ん中よりわずかに下がった所を突き刺した『贄殿遮那』を、ずるりと引き抜いた。ノトブルガの小さな体が、薄暗い地面へ崩れ落ちる。

『贄殿遮那』、五つの自在式、リボンの防御などは、概ね各フレイムヘイズ達のアドバイスのおかげで何とか扱えたとは思う（とはいえ『どうせ剣術なんてできるはずないし、悠二はとにかく当てる事だけ考えれば良い』『ちっぽけなあんたじゃ五枚が限界』『あまりにも貧弱なので防御を固めるのであります』などなど、横で見ている吉田がオロオロするほどの言い草だった。ただ、佐藤と田中は逆に何故か羨ましがっていたが）。

しかし最後の小石の投擲に関しては、完全に悠二のアドリブだ。

というより、いつも正しい事しか言わない正論非道の老フレイムヘイズが、

（……「ああ、私の『メケスト』を預けた所で、あなた程度の実力ではかえって重荷になるだけでしょう。『ジェタトゥーラ』を渡しても仕方がありません

し、他に渡せる物と言えばこれぐらいしかありませんが」）

などと言いつつ超投げやりにその辺でひょいと拾って渡してきたもので、使い道も作戦もなかったからである。

「さて」

悠二は周囲を見回した。ノトブルガが放った封絶は、まだ解かれていない。つまり、彼女はまだ存在を砕かれず、フレイムヘイズとしてここにいる。

少年は血まみれの『贄殿遮那』に力を込めて、

「君が消える前に、一つだけ聞いておきたいんだ」

「……」

返事はなかったが、瞳だけが動いて悠二を見上げた。

「結局、僕は君がどうして他のフレイムヘイズを襲っていたのか、その理由が分からなかった。だから教えて欲しい。『贄殿遮那』を振るった理由が正しかったのかどうかを知るためにも」

ノトブルガは、目だけを動かして悠二の様子を改めて確認する。

口調は固いが、それに反して『贄殿遮那』を握る手は小刻みに震えていた。その感情の名は、恐怖か後悔か。ノトブルガの知る由もないが、悠二は直に人を斬ったのはこれが初めてなのだ。大戸ファンシーパークでヴィルヘルミナを傷つけた事もあるが、あれはあくまで〝存在の力〟を介した間接的な攻撃に過ぎなかった。刀を通して手首から脳の芯まで伝わるような、生々しい斬撃の感触は正真正銘これが初めてとなる。

倒れたノトブルガは、もう満足に体を動かす事もできない。

フレイムヘイズ殺しの少女は、血に濡れた唇を動かす。

その原動力は、勝者に対する賞賛か、小さな少年に対するつまらない感情か。

「……『約束の二人』という名は、知っているかしら」

「『零時迷子』の……」

悠二はわずかに目を細め、『贄殿遮那』を持つ手とは別の手で、己のシャツの胸を軽く握り締める。彼ら本人とは面識がないものの、その名は忘れられない。

ノトブルガは、それをどう受け止めたのか、

「知っているなら、話は早い。私も同じなのよ」

「それって」

『約束の二人』。

〝紅世の王〟フィレスと、かつて人であったヨーハ

ン。喰う者と喰われる者でありながら、互いが互いを愛し合い、果ては紅世の歴史の中でも特殊な宝具と共に永き時を過ごした恋人達。

「不器用な人だったよ」

彼女はそう言った。

自由自侭に人間を襲い、〝存在の力〟を奪っていく者に対して、〝人〟と告げた。

「主に『大戦』の前に名を馳せた〝王〟でね。不器用なほど真面目な顔で、この世と紅世を自由に行き来するための自在法を研究していたわ。それが完成すれば海外旅行みたいな感覚で世界と世界を渡り行く事ができて、それぞれお互いに、もっと相手の良い所を発見できるはずだ、って……途方もない夢を持っていた。本当に短期間の滞在だけなら〝存在の力〟を使わずに済まないかと机の前で頭を悩ませたり。この世の人間が紅世を歩くには、やはり〝紅世の徒〟がこの世に滞在するのと同じく、〝ある種の力〟の補給が必要なのかを必死で調べたり」

思い出すように、あるいはこぼれ落ちるように紡がれる言葉。

血まみれのノトブルガは、しかし思いに浸るだけで満足そうな笑みを浮かべる。

「私はそんなあの人が好きだった。生まれた世界や方法がちょっと違っていようが、そんなのは気にならないほどに」

笑みの形を作る唇の端から、赤い液体が伝った。

ノトブルガは、構わず続ける。

「ただし、私の場合は少々事情が複雑でね。慕った人は宝具『討滅の獄』で、無理矢理に人の中へと封じ込められた。ある日突然消えてね、誰と契約を結んだか分からずじまい。そこから何万の人に尋ね、何億の歩を進んでも手がかりすら掴めなかった。だから今度は元凶たる宝具『討滅の獄』を壊したけど、何も変わらなかった。あの人とは別の〝王〟を取り込んだ即席フレイムヘイズ達も、宝具の破壊で契約が解ける事はなかったし」

淡々と告げられる言葉。

悠二はただ黙ってそれを聞く。

「だから私はフレイムヘイズをこじ開けて中身を取り出すために神器〝レオナルドゥスの解放〟を改良した訳。本当は、さらに『高貴な居場所』っていう別の自在法を使う予定だった。即席フレイムヘイズが最期に下す『〝王〟を紅世に帰さない』や『この世に再顕現できない』といった封印機能を遮断するための結界を張る自在法よ。結界の規模、消費する力の量は貴様の持っている火除けの指輪よりも微々たるものだし、この世に与える影響も少ないはず。……長かった、わ。特に『高貴な居場所』は長かった。〝レオナルドゥスの解放〟と違って、ヒントも土台もなかった。百年という単位を五周巡ってようやくここまで来たんだから」

唇の動きは、少しずつ、ゆっくり、速度を落としていく。

大きく裂かれた傷口から、〝存在の力〟そのものがこぼれていくように。

「きっと、『討滅の獄』事件であの人はフレイムヘイズごと殺されていた。それでなくても、この長い間に〝紅世の徒〟に殺されている可能性だってあった。でも、私はやっぱり諦められなかった。だから〝レオナルドゥスの解放〟を改良し『高貴な居場所』を開発すると、その足で『討滅の獄』を使ったフレイムヘイズを捜して捜して捜して、片っ端からこじ開けた」

緩慢になっていく顔の動きは、最後に笑みを作ろうとしていた。

倒れたまま、彼女は瞳だけを動かして、

「そして、人違いと分かったら保護もせずに放り捨てた。『高貴な居場所』が持つ〝紅世の王〟の結界保護機能は一人きりしか使えないから、見捨てるしかなかったわ。自分勝手で、自由自侭。……ね、私はもう有害な〝紅世の徒〟と何も変わらないの」

ノトブルガは、倒れたまま悠二の顔を見上げて、

「さあ、これで貴様の罪悪感を……削ぎ落とす程度の、役には立てたかしら？」

自らを『約束の二人』と喩えたフレイムヘイズ。

ノトブルガがヨーハンであるなら、一体フィレスは誰だったのか。

それを少しだけ思った悠二は、やがて小さく頷いた。

「……ああ。ありがとう、ノトブルガ」

そうか、とノトブルガは小さく笑った。

「お別れね、ラツィエル。次は、もっと強い人間に手を差し伸べなさい……」

どこか眠たそうにも見えるほどゆっくりした動きで、彼女のまぶたが降りる。そのまま、小さな少女の動きが止まっていく。

悠二は、無言で滅ぼされつつあるフレイムヘイズを見下ろした。

血まみれの大太刀が、外灯の光を浴びてギラリと

光を跳ね返す。

「満足か？」

不意に、ノトブルガから声がかかった。

だが違う。彼女の口は動いていない。そして声はノトブルガよりさらに低い。明らかに男性のものだ。

悠二はその意味を考え、それから、

「〝王〟か！　〝秘説の領域〟ラツィエルだな!!」

慌てて後ろへ下がった。戦いで体力を消耗した腕は思うように上がらず、『贄殿遮那』はふらふらと不安定に揺れていた。

「我が契約者を貫いて満足かと聞いている」

ノトブルガの傷口からは今も血が溢れ、それが肌に浮かぶ汗と混ざって地面に伝っていた。状況を見れば勝負は決したようなものだが、フレイムヘイズには最後の切り札がある。

契約者の破壊と同時に、身の内に収まっていた〝王〟が自滅覚悟で強制顕現を果たす事だ。

当然ながら、悠二に抗う術はない。

持たされた宝具や自在法は、あくまでノトブルガ専用のものだ。全力で顕現した〝王〟を圧倒するなど、そもそも今の悠二をどれだけ補強しても不可能である。


（ノトブルガは倒れた。〝レオナルドゥスの解放〟はもう使えない。ならシャナ達を呼ぶか）

悠二は考えるが、即座に首を横に振った。駄目だ。

〝レオナルドゥスの解放〟は宝具ではなく神器だ。となるとその力は、この〝王〟ラツィエルから借りた『性質』の毛先のようなものだ。強制顕現後に振るわれる本領のフレイムヘイズ殺しは、おそらくこれまでの比にならない。

「痛ましい女だ」

震える手で『贄殿遮那』を掴み直す悠二など意に介さず、ラツィエルは告げた。

「長かったな、ノトブルガ。五百年だ。それだけ焦がれ続けたのだ、もう満足だろう。最期ぐらいこの場に〝奴〟が現れても良いものだが、そこまで上手く都合はつかないか」

静かな静かな、感情の波のない言葉。

違う。それは長き時を共にした者が、その内面を全て上から押し潰した声色だ。

「……何が『この世の本当の事』を教えるだ。私は〝奴〟の居場所も伝えてやれなかった。貴様にもっと優れた〝王〟がついていれば、別の道を示してやれたかもしれんのに。痛ましい女よ、すまなかったな。不出来な〝王〟が貴様にしてやれる事は、せいぜいこれが限界だ」

ビキリ、というガラスに亀裂が走るような音が聞こえた。

ノトブルガの体からだ。まるで、フレイムヘイズの器から〝王〟が出てくるように。

（でも、本来あれはフレイムヘイズが完全に討たれた後に、その器を破るものじゃ……）

悠二は疑問に思い、それからハッとした。

（まさか、まだノトブルガが生きているのに、自分の力で強引に内側からこじ開けようと!?）

実際に何度も体内に腕を差し込まれ、『宝具』を抜き取られそうになった事があるからこそ、悠二はその感触を想像して全身が震えた。

「ッ!!　ラツィエル、あんたはそれで良いのか!?」

悠二はとっさに叫んだ。

今ここで器が破られれば悠二に〝王〟は止められない。ノトブルガも砕け散り、燃え尽きる。〝レオナルドゥスの解放〟の上位能力がある以上は待機中のフレイムヘイズ達に協力は仰げないし、そもそもラツィエルが顕現してからでは遅いのだ。この少女は、今度こそ確実に死ぬ。


「僕がカムシンから頼まれたのはフレイムヘイズ殺しを止める事だけだ！　大体、こんな小さなトーチの変種のためにそこまでやるのか、ラツィエル！　ノトブルガの封絶はまだ壊れていないよ。あんただって彼女の中にいる。なら、ノトブルガはまだ生きているのに！　それをあんたがとどめを刺すのか!?」

叫びながら、彼は『贄殿遮那』を横に放り投げた。

がらん、という音が響く。

今ここで必要なのは武器ではない。どの道ラツィエルが顕現すれば、『贄殿遮那』があっても顕現時に撒き散らされる爆風だけで悠二は吹き飛ばされる。体にリボンを巻いたり『アズュール』を首に引っ掛けた程度で〝王〟の攻撃を全て防げるなら、フレイムヘイズなど必要ない。

「実際に彼女を刺した僕に言えた義理じゃない。けど、どうして僕がここにやってきたと思っているんだ？　前にもあったんだよ、カルメルさんってフレイムヘイズを止めるために宝具を預けられた事がね。結局、僕は小さなトーチの変種でしかない。どうやってもフレイムヘイズを殺す一撃は放てないからこそ、僕は殺さず止めるために頼られたんだ！」

「……そうか。だが、その気遣いは実らん」

ラツィエルは、小さく告げた。

「仮にここで一命を取り留めた所でどうなるのだ。ノトブルガという女にはこの生き方しか選べない。貴様の言葉で諦められる程度なら、最初から今日まで歩んでこれたものか。だが貴様はこれより先のノトブルガの歩みを認めん。これでは実らんのだよ、何もかも」

「それなら、フレイムヘイズを殺さずに何とかする方法を考えれば良いんじゃないのか！　何がこれでは実らないだよ、それを壊そうとしているあんたが言うな！　彼女がどんな想いでここまで歩んできたか、僕より詳しく知っているんだろ!!」

　選ばせるのではない。

　もはやこんな簡単な事など、質問を放つ前に正答は決まっている。

　だから悠二は迷わず答えを叩きつけた。

「あんたが道を示すんだ！　ノトブルガに力を貸したのは一体誰だ!!」

「ああ、無事に終わったようですね。〝王〟の顕現も中断されました」

　カムシン・ネブハーウが告げた場所は、御崎市のギリギリ内側だ。大戸の端にある工事現場からそう離れてはいないが、何分極端に光が少ない。一応封絶内部に位置するので観測は可能であるものの、この暗がりではフレイムヘイズでもない限り現場を眺める事などできるはずもなく、馬鹿デカイ激突音を聞いては吉田が涙目でびくびく震えたりしていた。

　ノトブルガの封絶内部だが、彼女達は己の気配を勘付かれる懸念は抱いていない。それもそのはず、ヴィルヘルミナ得意の隠蔽のリボンが周囲に展開されているからだ。その恩恵か、ただの人間である吉田一美なども封絶の内側で限定的に意識を保っていた。

「……悠二が『贄殿遮那』を放り投げてまでノトブルガを庇った」

と、何やら不満そうな声をあげているのはシャナである。

「ああ、どの道ごり押しでどうにかできた相手ではありません。坂井悠二君は自他の戦力差を上手に計れる人物のようですね。それが何か問題が？」

「ない！　けどっ!!」

　イライラしている『炎髪灼眼の討ち手』には何やら本音と建前があるようだったが、正しさオンリーのカムシンはやはり気に留めない。

一方、吉田としては目を凝らしても闇が濃すぎるため、悠二の安否が全く分からない。なので、本音も建前もいちいち分けているだけの余裕もないといった感じで、

「あの……シャナ、ちゃん。坂井君は大丈夫なの？　大怪我とかしていない？」

身を小さくしている吉田にシャナは憮然とした声で、

「別に大きな外傷はない。それにあったとしても、悠二には『零時迷子』がある。だからどれだけ傷ついても存在が完全に砕けない限り、午前零時になれば元に戻る。私達が、いちいち気にするような事じゃ、ない」

「良く分からないけど、とにかく、坂井君は無事なんだよね？」

「だから、別に心配する必要はない」

またもや本音と建前の天秤が揺らいだようだが、吉田はそれを追及しようとはしない。というより、いちいち人の顔色を読むだけの心の余裕がすでにないようだ。彼女は自分の豊かな胸に片手を当てて息を大きく吐くと、

「……坂井君は、無事。でも、早く顔が見たいな」

たった一言だったが、その一言が言えたかどうかでシャナの眉がほんのわずかに動いた。その辺りの機微を、少し離れた所から眺めていたフレイムヘイズや〝紅世の王〟としては、

「おい、我が恋愛専門のエロ教師、マージョリー・ドー。俺としちゃここはヨシダの嬢ちゃんが一本取ったと思うんだが、その辺りはどうなんだ？」

「そーねぇ。アレは養育係にも問題があるんじゃない？　チビジャリが常識に疎いのは『天道宮』での育て方の問題らしいし、あっちの方もそういう風に学んだのかもしれないわよ」

マージョリーは片手で適当に前髪をかき上げつつ、横目で旧友の顔を見る。と、給仕服を着たそのフレイムヘイズは真面目一辺倒で視線を返し、

「言っている意味がサッパリ理解できないのであります」

「同右」

予想通りの声にマージョリーは盛大にため息をついて、分厚い本は肩を揺らす感じで震えながら笑った。群青色の火の粉がページの隙間から溢れてくる。

それらを眺めていたカムシンは、（大体の事情を掴んでいながら）あくまで事務的に、必要な事だけを要求した。

「ああ、『弔詞の詠み手』、それに『万条の仕手』。すみませんが、ノトブルガの応急処置を願います。強壮用のアルコール飲料や包帯の取り扱いはあなた達の領分ですし。封絶内部を修復するのなら〝存在の力〟の供給源にはあの〝ミステス〟を使うのが妥当でしょう」

カムシンは淡々とした声で、

「ああ、それから無事に終わったからと言って、安易に坂井悠二君を褒めないように。この世界で意味もなく自信を与えると確実に寿命を縮めますから」

彼の声を聞いた百戦錬磨の面々は、何を今さらといった顔で口々に、

「分かってる。坊やにしちゃ頑張ったけど、殺しの方はまだまだ甘ちゃんの減点だらけね。火の粉の中で詠うぐらいの余裕がないと褒められやしないわよ」

「ひっひ！ まぁ心配すんな、うちのゴブレットはケーサクやエータで痛い目見てるからな。安易にガキを焚き付けるような真似はもうこりごりじゃねえブッ!?」

「その程度、言われなくとも百も承知でありますが」

「罵詈雑言。基本事項」

「そもそも、我としては褒めるべき部分が見当たらぬが……。どうしたシャナ、何やら口を尖らせて不機嫌そうな表情だが」

「な、何でもないっ！ 別にそんな顔してない!!」

頑張った悠二に肩を貸すぐらいしてやっても良いのに、とシャナは思ったがやはり甘やかすのは駄目だ。実際に、そうしてもらう事の安堵感を知ってしまったフレイムヘイズとしては少し複雑である。

と、話題が途切れた所でマージョリーがカムシンに向かって、

「ところで私としちゃそれで構わないんだけど、正論攻撃のあんたとしちゃ、それでノトブルガの方は許せる訳？ あいつ私情でフレイムヘイズを五十ぐらい葬ってんのよ？」

「ひっひ！ おめぇに人の事が言えた義理かブッ!?」

わめき始めた分厚い本を拳で黙らせつつ、マージョリーはカムシンの顔を見る。視線は割合真剣だったが、これにもやはりカムシンはまともに応じず、

「彼女がそれ以上の働きを見せれば良いでしょう。元より我々は〝紅世の徒〟と戦う、それだけの者です。契約を交わし、討滅の道具となった時点で、その人間はこの世からはいなくなったものとして扱われるのですから、いくら消えた所で『大局的な破滅』には発展しませんし」

告げられた言葉に、吉田はハッと顔を上げる。何やら訳ありみたいね、とマージョリーは心の中で思ったが、口に出すほど彼女は愚かではない。

「……まぁ、そう言うならユージやノトブルガの後始末を引き受けても良いけど。そこのチビジャリがやった方が少年主観のカブが上がるってもんじゃないの？　別にこっちとしても、尊敬の眼差し向けられる事についちゃあ……他意が、な・け・れ・ば、文句はないんだけどねぇ。結局サカイユージにとっちゃ、封絶の中はまだまだ右も左も分からない場所な訳だし、ああいう時こそ頼りになる心強ーい女が隣に立ってるだけでも大分違うと思うけど？」

今度は別の意味で吉田がハッとした表情になり、シャナの肩がピクッと動いた。その様子を見たヴィルヘルミナの眉がほんのわずかに反応していたりして、この辺りには色々複雑な人物相関図があるようだった。

『分かった、仕方がないから私がやる！』『良く分からないけど私はマージョリーさんに任せた方が良いと思うの!!』『今代の「炎髪灼眼の討ち手」は手先が不器用なので無理であります。本当に嫌ですがここは私が』『そんな事ない！　大体何でヴィルヘルミナまでムキになるの。まさかヴィルヘルミナも悠二が!?』『……果てしなく不愉快な台詞を吐いているのはこの口でありますか？』『ひっひ！　おいマージョリー、こっそり先にサカイユージの元に接近してお嬢ちゃん達の背中を押しちまえ！』『そうね……あの二人にはそれぐらいの荒療治が必要かもね』『ああ、何でも良いのですが早く治療しなければノトブルガが死にますよ？』などなど、言い争いから始まった会話の流れが途中でねじれてとんでもない方向へと発展していく。

と、カムシンの手首につけられたガラスの飾り紐型神器〝サービア〟に宿るべヘモットが、

「ふむ。だがカムシン・ネブハーウよ、ノトブルガに真実を告げなくて良かったのじゃろうか」

「ああ、ノトブルガが長年求めていた〝紅世の王〟の契約者を、私が掴んでいた事ですか？　今まで伝える手がなかったでしょう。何せ、一撃必殺のフレイムヘイズ殺しを備える難敵でしたし。あの〝ミステス〟に伝達役を頼んだ所で、果たしてすんなり信じてもらえたか。あんな状態のノトブルガから『真意を尋ねる』などと言われてこちらに近づかれても困りますしね」

「まぁ、正論ではあるがの。しかし、そのフレイムヘイズも『討滅の獄』事件と同じく、使命感を折られて自侭に力を振るっておるとはのう」

「ああ、そちらの追跡調査も終わりましたし、折を見て討滅するとしましょう。私の役割は本来その後始末ですが、別に戦えないという訳ではありません。いや、安易に引きずり出すと中の〝王〟に害が及ぶのでしたか。ならばノトブルガの自在法『高貴な居場所』を聞き出してから始めませんと。通常不可能な、この世に来るつもりもなかった〝紅世の王〟とも契約できたようですし。もっとも、その〝王〟が〝屍拾い〟のように無害な者であるのが大前提ですが」

「ふむ。儂としては問答無用の討滅を望むが、二つの世界のバランスさえ失わなければ問題はない、とも言えるかの。では、それもノトブルガには伝えぬと？」

「そうですね」

カムシンは闇の向こうを見て、

「ああ。では、どうでしょう。フレイムヘイズを五十人ほど殺しておいて、なお正しき道を進める事ができた時には、その正しさに免じて教えて差し上げるというのは」

了